以人進大同

台北同志生活誌

存在──媒體・集結

台北同志文化地景的歷史意涵

喀飛（台灣同志諮詢熱線協會理事）

「同志文化地景」記載著昔日同志生活的軌跡，蘊藏許多過去同志生活的悲歡歲月。這次的「以進大同：台北同志文化地景特展」，藉著呈現實體和虛擬的同志文化空間，讓這個時代的社會大眾重新認識同志社群。

台灣有組織化的同志平權運動，要從第一個女同志團體「我們之間」1990 年成立開始計算，迄今已經 27 年。這將近 30 年的歷史，各團體從各種不同領域、針對不同議題、以不同方式開始進行改變同志處境的平權努力。在此之前，許多同志只能以一己微薄力量對抗整個社會加諸於同志身上的偏見和歧視壓力。

不論是實體的公園、三溫暖、酒吧、戲院，或是虛擬的網路同志討論區、雜誌交友欄，創造群體連結的同志廣播、同志雜誌或同志團體，每個同志文化空間都是同志生命實踐的堡壘，也是同志生命交會的記憶站。回顧及認識同志歷史空間，是為上一個世代的台灣同志重溯、重建歷史。

你不會聽到有人跟你介紹異性戀空間，因為全世界早已被預設當然的異性戀空間，這種理所當然的預設，凸顯同志空間存在的稀少珍貴與重要。特別是早年，同志處境比現在更艱難的時代尤其如此。

循著歷史軌跡尋找，有些空間的樣貌早已歷經歲月擠壓而變換更替，也有許多同志歷史空間已經不復存在，只留遺跡。今天回顧，是對於曾在

這些地方發生過的事件，檢視其所標示、昔日同志的遭遇和困境。

從同志歷史、同志平權運動的角度來看，要充分理解同志文化空間的歷史意義，可以從六個意涵來認識其重要性：

一　理解同志處境先認識出櫃困境

同志因為社會的歧視和壓力而不敢出櫃（讓別人知道自己的同志身份），是談同志處境非常核心的一件事，理解同志為什麼不敢出櫃才能感受到同志遭受的壓力。過去年代，大眾傳播媒體上出現同志時，幾乎都是負面新聞，不論是犯罪事件，或是充滿汙名的疾病與性的新聞，繼續複製及渲染長期以來的偏見。

當同志不知道身邊的人是否能夠接受，只好被迫選擇隱瞞自己的同志身份，這是因為他們不想失去身邊最好的死黨、每天生活的同學及朋友、關係密切的家人。不敢出櫃讓同志必須獨自承擔各種喜怒哀樂，即使來自職場、社會或學校的龐大壓力，也沒有人可以訴說，只能一個人面對。對於青少年同志來說，這樣的壓力更大。

二　能卸下面具做自己的地方

不敢也無法在朋友、家人面前出櫃，每個同志都戴著面具，假裝自己是異性戀以免身份被「識破」，也因此無法在平常生活中互相遇見。許

多青少年同志常孤獨地以為，全世界是不是只有自己是同志。另外，遭受壓力而進入異性戀婚姻的同志，扮演雙重身份的時間更長，周一到周五在（異性戀婚姻）家庭中扮演老公／老婆、爸爸／媽媽的角色；只有假日、週末的夜晚，才有機會來到同志空間，卸下面具做自己。在同為同志的其他人面前，回歸同志真實身分，在這裡不隱瞞地表達內在情感與慾望。等時間一到，走出這個可以信賴的空間時，就又必須繼續戴上面具，假扮異性戀度過平常的日子。

對昔日的同志朋友來說，同志空間給予的就是可以做自己的信任與安全。

三　生命連結對抗孤獨與壓迫

同志空間對同志來說，還有一項具體而重要的意義是「跟自己人連結」。

在同志空間，世界上不再只有自己一個人是同志，認識其他有共同生命經驗的朋友，互相交流分享、彼此鼓舞，甚至有機會固定聚會、形成同志團體；或是遇見能夠互相扶持、共同生活的伴侶，談一場戀愛、體驗親密關係。

因為連結，讓自己不再孤單，有機會抒解各種社會壓力。進一步與同

志社群建立連結網絡，瞭解社群文化和生活資訊，熟悉並獲得社交能力，這些都是為了改變一己無法對抗社會壓迫的處境，讓同志生命的內容更豐富，也是形成同志平權運動團體的基礎。

四　圍繞著交通要塞的空間分布

觀察各地同志實體空間的起源和分布，有一個共通的特色就是，傳統（男）同志空間所聚集區域經常是靠近重要的交通據點。以台北市來說，台北車站附近到 228 公園一帶，再往西延伸到西門町，都是在這樣一個地緣關係的範圍。台南車站附近的中山公園（現名台南公園）、台中車站附近的中山公園（現名台中公園），也都有類似情況。

早期，同志空間少，傳遞訊息不易，同志空間所在位置的情報因為擔心曝光，只能透過人際關係口耳相傳。選擇在火車站這類大型交通據點附近設置，便於口耳相傳資訊，也方便共同生活圈鄰近郊區城鎮的同志容易前來。這種提高可及性的策略，是長時間摸索下，空間經營者累積的體貼和經營智慧。

五　科技進步影響同志社交及公共參與

日新月異、變化萬千的通訊科技和社交媒介，對於 20 年來的現代社會有巨大影響，同志的社交和公共參與也深受影響。

90 年代中期網路興起，因為「匿名性」與「超越地理限制」的特性，讓年輕世代同志得以無後顧之憂地使用網路 BBS，打造虛擬的彩虹社區，這除了開闢同志連結互相認識的新平台、新世界，也給同志們有機會練習公共事務的參與，為當時蓬勃發展的同志運動蓄積能量。回顧歷史，同志平權運動可以說是台灣網路發展初期，第一個深度依賴並受惠於網路普及的社會運動。

手機在 90 年代末期開始普及之前，一般人只有家用電話，當時的同志社交受限於出櫃壓力，許多人不敢將家裡電話號碼告訴剛認識的同志朋友，人際連結因此受到很大的侷限。這件事直到手機普及，個人通訊成為主流之後才改變。

2010 年前後逐漸風行的智慧型手機更是帶動通訊與社交媒介的大變革，即時通訊讓人與人之間的聯繫變得更便利與頻繁，同志社交大受影響。連帶的社交軟體興起，改變同志交友方式。

但是在看似縮短距離、提供超級便利的交友軟體世界，同志的交友也產生新的門檻，身體資本的差異形成新的階級。那些老的、醜的、沒有身材的，缺乏誘人身體條件、沒有吸引人照片的，變成同志輕鬆交友神話下的邊緣人。

科技從看似形式平等的媒介型態，變成營造不平等發言權階級的實質門檻。這是包括同志族群在內的人類社會，一個新的平等議題。

六 歷史的啟發與教訓

這些年常有人邀請我演講台灣同志運動史,我會請上課的朋友寫下一件和他有關的同運歷史事件,説明這件事對她(他)的影響,如果一堆表列的歷史事件對她(他)來説距離太遙遠,就挑一件自己會感興趣、很想瞭解的事件。

這個方式讓參與者將個人經驗(或關注)融入更大的同運歷史脈絡,看到個人生命史與大環境、大時代的連結與交織。回顧同志歷史最重要的意義,是讓歷史的經驗帶給現在的同志具備歷史視野,得到走下去的力量,而對非同志來説,瞭解同志歷史是看見弱勢者的社會處境,讓同理心能夠延伸看見更多不一樣的弱勢族群,啟發公平對待其他人的社會意識。

許多人以為,台灣有全亞洲最大規模的同志遊行,代表台灣的同志處境已經沒有什麼問題。我不這麼認為,當我們從同志文化地景去認識過去台灣同志的歷史,得到的重要提醒是:不要以為,當下過得還可以,是天上掉下來的恩賜,就可以不用再奮鬥。歷史的路徑從不必然是直線前進,只要忘記不公不義曾經怎麼壓迫,失去抵抗的能力和意志,歷史也可能走回頭路。

現身──地景・記憶

創世紀的第一章
環繞台北車站周邊的同志伊甸園

陳栢青

「台北台北台北車站到啦／欲下車的旅客請趕緊下車」，向前走的不只時代，性別和身體也由此出發探勘。城外人搭著火車與客運而來，城裡人於此相會，台北車站是交通輻輳要地，也是人們相約會面的場所，60年代南陽街成規模，補習班帶來學生，車站周邊便是西門町，隨著1961年中華商場啟用，奠定了城中商業區規模，人潮製造需求，也彼此尋覓可能。車站周邊諸多公共空間便有了更多用途，車站地下停車場、中華商場、台大醫院的廁所成了慾望的得來速，快速滿足彼此需求。車站大廳、戲院、酒吧、餐廳則是命運青紅燈，停看聽之間，心照不宣彼此聯誼。而車站附近的新公園具有開放性，又提供隱蔽物，樹影搖娑，人群往來，多少相遇在這裡發生，隨著報紙新聞報導，80年代《人間雜誌》幾次同志專題提及，以及《孽子》的影像化，不只是台北人，對城市外來客而言，新公園遂成了同志密會與尋覓的伊甸園，台北車站便提供創世紀的第一章，促成新公園成為同志相會地點。而新公園作為同志聖地，亦間接帶動台北車站及其周旁發展出眾多同志景點。

台北車站提供創世紀的第一章，人潮製造需求也彼此尋覓可能。（吳景騰攝影）

成為圈裡人：新南陽戲院

我們竄逃到南陽街，一窩蜂鑽進新南陽裡，在那散著尿臊的冷氣中，我們伸出八爪魚似的手爪，在電影院的後排去捕捉那些面目模糊的人體，我們躲過西門町霓虹燈網的射殺，溜進中華商場上中下各層那些悶臭的公廁中。我們用眼神，用手勢，用腳步，發出各種神秘的暗號，來聯絡我們的同路人。

——白先勇，《孽子》，1983

出了新公園，白先勇筆下《孽子》遊走台北車站周邊。新南陽戲院是 60 年代台北同志的回憶。

符兆祥小說〈新南陽拆了〉裡，二十幾歲的青年糊里糊塗被帶到同志私人聚會上，又誤闖戲院，「這就算圈裡人了嗎？」[1]，「成為圈裡人」，進入新南陽戲院也是一種入門。戲院位於南陽街，原為公共游泳池，國府來台後變為音樂廳。至 1960 年改建為「新南陽戲院」，播放二輪片，票價便宜，黑暗則提供掩護。需求者遂發展出儀式，或者以膝蓋摩挲，或輕觸肢體，光影之間，眼神交錯，有了確認，也就得以告慰。《彩虹熟年巴士》一書中受訪者王公公說起 42 歲的自己在新南陽戲院碰到 40 歲男子，男人將自己交到他手上，「我傻傻的，心裡只想，你不要再來了，你再來的話，我就給你打手槍，耶，結果他真的擺在我手裡頭，我就給他來一下」[2]，那一下，地動山搖。在 1971 年拆除改建前，多少身體被打開，情慾在覺醒，影評人李幼新稱此為「台北男同性戀的搖籃」[3]。

---

[1] 符兆祥〈新南陽拆了〉，《夜快車》，文豪出版社，1976。

[2] 〈翩翩君子八十載——紅樓院長王公公的同志生涯〉，《彩虹熟年巴士》（台北：基本書坊，2012），頁 45。

[3] 李又新，〈自古餘桃多穎悟？從來斷袖出俊男〉，收錄於楊澤編，《七〇年代理想繼續燃燒》，頁 175。李幼新現已改名為李幼鸚鵡鵪鶉。

戲散而人未散：酒吧、餐廳、咖啡館

新南陽戲院戲散而人未散，戲院地下室有滿庭芳酒吧，〈新公園男同志口述歷史〉中，黃先生便提到「最早最早 GAY 的發源地是在 1950 年代的南陽街一帶……戲院地下室開了一家 bar，叫『滿庭芳』，老闆是陳姓夫婦，都是當時的高知識份子。那時消費大概五十、八十元左右，他們純粹是為了認識朋友而開的，不是為了營利。」[4]，同志便在其中認識朋友、聚會，滿庭歡樂。戲院改建後，1971 年原空間又有「馬德里餐廳」營業，廣告稱「內部寬敞，有電子琴演奏，同時是西班牙式裝潢」[5]，因距離新公園近，吸引舊雨新知持續捧場。

新南陽戲院已於 1971 年拆除，變成樓高 9 層的大樓。（吳景騰攝影）

現代化隨著列車隆隆開近，國際化也帶來開明氛圍。1960、70 年代明星咖啡館和野人咖啡屋雖然並非同志專屬，但文人與藝術創作者匯聚，開放風氣也令同志流連，〈新公園男同志口述歷史〉中受訪者阿韋便提到：「從前有個地方叫『明星咖啡屋』，但那裡很多藝術家，你只要去到哪裡，別人就會知道你是 GAY。」[6]。林懷民小說集《蟬》中角色時不時走進明星和野人，小說家筆下有什麼意在言外。野人和明星咖啡館提供同志友善空間。

4　戲院建於 1960 年，故訪問中的 50 年代應指民國 50 年。詳見〈新公園男同志口述歷史〉，《熱愛雜誌》，1997 年 6 月，第 7 期，頁 35。

5　〈馬德里餐廳 增供台菜宵夜〉，《聯合報》，1974 年 5 月 19 日。

6　〈新公園男同志口述歷史〉，《熱愛雜誌》，1997 年 6 月，第 7 期，頁 37。

此外又如 90 年代，衡陽路上大樓引入丹堤咖啡，一時成為同志聚集的隱藏景點，咖啡館正對新公園，同志魚戲荷葉東，魚戲荷葉西，公園倦遊罷，往往便進入歇息。黃才耀〈迷走，在符號公園〉便寫道：「原本在蓮花池畔兜繞的酷兒們，紛紛轉進這座平價咖啡店，點一杯三十五元的咖啡，就能在冷氣房內坐上一整天，在店內玩著眼神勾懾的遊戲。」[7]

70 年代車站附近出現鎖定同志族群消費的餐廳與酒吧。「一番館」於 1972 年開始經營，位於博愛路一帶，早上是川菜館，晚上搖身成為鋼琴吧，經營者林信義於國外同志刊物登載廣告，是台灣最早期屬於同性的消費空間之一[8]，「可以公然進行眉目傳情的愛情遊戲，而且很多台灣早期文藝界圈內名人，皆曾群聚此地。」[9]而至 90 年代，博愛路上又出現「CUPID 名坊」酒吧。CUPID 為愛神名，走台式卡拉 OK 吧風格，並設有舞池，週末時分播放舞曲，「在箭神消費的好處是容易結交到朋友……從不吝惜給予台上演唱者熱烈的掌聲，唱得好還有人會過來敬酒、聊天，一下子兩方朋友都熟識了。」[10]

肉體聯合國：三溫暖

交通帶來交流。在台北火車站旁邊、重慶南路與忠孝西路交叉口、鄰近國光客運西站的「大番三溫暖」因地利之便，沐浴設備新穎，門庭若市。同一棟大樓內，一樓是某客運的候車室，樓上有幾層樓是服務本島中南部便宜旅行團（當時還沒有陸客團）的廉價旅社。三溫暖的

---

[7] 黃才耀，〈迷走，在符號公園〉，《自由時報》，2002 年 10 月 23 日。

[8] 吳瑞元碩士論文《孽子的印記——臺灣近代男性同性戀的浮現（1970－1990）》，國立中央大學歷史研究所碩士論文，頁 55。

[9] 張平宜，〈燃燒在黑暗深處的玻璃心 夜探同性戀酒吧〉，《中國時報》，1992 年 8 月 1 日。

[10] 邵祺邁、方慶史編《台灣 G 點 100 全都錄》，台北：陽光，2000 年 7 月，頁 43。

客戶坐電梯上樓的時候，可以偽裝自己是去旅館而不是去三溫暖的旅客。在電腦網路和手機還沒有流行之前的 90 年代，這個好所在「成為台北四家同志三溫暖中生意最好的一家」[11]，有「肉體聯合國」之美名，內部有今日三溫暖少見之「回字」走廊設計，成環形空間，走道窄長，而越是狹小。越多碰撞，因為是圓，能不停經過，在大樓拆除之前，曾締造三溫暖盛世。

但是早在大番成立之前，西門町國賓戲院附近早就開設幾家小型的老舊同志三溫暖。「漢士」三溫暖跟大番成立的時間類似，客層也類似，但是後來漢士發展出特別照顧中老年同志的特色。

黑街成了亮街：常德街

新公園關門了。但夜才開始。台北車站周旁的常德街是台北最短的街，卻盛載整座城市最旺盛的慾望。王盛弘在散文〈夜遊神〉中寫到台北的夜裡，日日上演新公園往常德街的遷徙，「每三兩個人一組，興味還很濃地，邊走邊低聲交換心事，湧向公園路側門，等著綠燈過馬路，要將陣地轉移到台大醫院前常德街上。」[12]

常德街位於新公園側，在 50 年代初期，公園僅以竹籬笆和鐵絲隔開內外。至 70 年代市政府以混泥土築牆。80 年代則以鐵欄杆代替之。作為台灣少數有營業時間的公園，〈新公園男同志口述歷史〉中受訪者趙媽描述：「圍牆興建後公園一到十二點就要『清場』了，所有的朋友

---

[11] 同 10，頁 55。
[12] 王盛弘，〈夜遊神〉，《關鍵字：台北》，台北：馬可孛羅文化，2008 年 5 月，頁 22。

就出來」、「台大醫院前有個矮矮的圍牆，大家可以坐在圍牆上頭，就在那裡排排坐。」同志倚牆而立，路燈之下高高低低，或等待他人，或彼此交流，一條街上人影攢動，也便有了「黑街」、「漢諾瓦街」的戲稱。趙媽便稱：「大家都到『黑街』來，黑街就成了『亮街』」[13]

被喚為「黑街」的常德街，是同志們在公園關門後流連的地方。（吳景騰攝影）

捷運興建前的常德街樹大蔭濃，相較於公園，有另一種隱密性。黑街延伸出獨特的黑街風景，受訪的克雷門回憶道：「黑街變成一些晚上不敢在公園現身的同志來的地方，他們坐在車裡，或開著車緩緩移動」，開車者以繞行的方式一趟趟重新經過常德街，車燈探照，眼光搜尋，隨著緩緩搖下的車窗送出邀請。

「黑街」一詞是戲稱，多少也隱喻了同志的處境。一牆之隔，偌大的台北，同志竟無處可去，沒有地方認識彼此，只能在方寸之地中尋覓可能。而警方經常以例行性臨檢方式威嚇並驅離牆邊男同志，便有了「常德街事件」的發生。

1997 年 7 月 30 日，約有五十名男同志於常德街上遭遇警察強行臨檢，同志「證件被拿走，並被帶回警局」，警察稱「常德街的聚眾跟附近竊盜案有關，同時這些人在凱達格蘭大道上酗酒。」[14]。此事經同志投書報紙後引發同志公民行動陣線、眾多婦女團體抗議。竊盜、

---

[13] 〈新公園男同志口述歷史〉，《熱愛雜誌》，1997 年 6 月，第 7 期，頁 37。

[14] 《聯合報》1997 年 8 月 10 日第六版。更完整資訊可見喀飛，〈台灣同運現場：那一夜 常德街〉（http://ageofqueer.com/archives/9223）

酗酒等輕易被與同志扯上關係，污名化與抹黑像牆的陰影，隨時將同志籠罩其中，牆固然是保護，同志得以隱身其內，但同時也是區隔。同志背靠著牆，哪裡都是隔離。

AG 健身中心事件

常德街事件餘波盪漾，1998 年又發生 AG 健身中心事件。AG 法蘭西健身中心位於重慶南路上，於 1997 年開始營業，結合純男性三溫暖、健身房與餐廳。AG 在靠馬路的落地窗設置大型按摩浴缸，可同時容納二到四名男性全裸泡澡。泡澡的男客可以一方面享受浴缸內的曖昧，一方面透過窗戶欣賞重慶南路書街風景。

因為 AG 生意太好，營業期間警方經常上門，多次臨檢。這並不是孤例，在 80、90 年代，「一些同志三溫暖、健身房更是三天兩頭被管區警察臨檢，有些三溫暖，連一間間休息室的門都被迫拆掉。」[15]

從後見之明來看，AG 這個地方類似日本東京的「發展場」，但比日本發展場清潔、清爽。

1998 年 12 月 20 日晚上，警察登門臨檢。房間裡有兩位男同志，警察便要他們脫下毛巾，並要求他們作出具有性暗示之動作以供拍照。健身房教練和員工當即阻止，卻遭警察擊打，並威脅以妨礙公務罪名起訴。警方最後以房間內一枚未使用之保險套和櫃檯所放置保險套為

---

[15] 〈探照燈下，玻璃圈無寧日〉，《聯合晚報》，1998 年 12 月 21 日第五版。

證物，以「公然猥褻」罪名將客人與經理帶回偵訊。

此事經曝光後，同志團體前往警局聲援，過程中警方仍違反偵訊程序，除了筆錄未全程錄音外，並威脅利誘當事人製作筆錄。事後媒體則引用警方「公然猥褻」、「妨礙風化」等指控，指 AG 健身房「經營同性戀色情」。經過一年漫長司法審判後，判決指出「警方以不正當之手法取供」，當事人雖獲判無罪，健身教練以及 AG 經營者在經歷訴訟期間傾家蕩產，毀壞身體健康，讓人唏噓。[16]

在 AG 結束營業之後，在衡陽路和牛肉麵街（桃源街）交叉口也開設了一家類似 AG 但是比較小巧的發展場。但人氣起不來，無疾而終。

台北車站周邊既是走向命運的十字路口，同時也見證陰暗年代的荊棘路。隨著東區興起，城市功能幾經移轉，台北車站做為城市門戶，依然是外地同志相約前往新公園的地標。沿著台北車站周遭地景，同志在哪裡？不只經過，已經是抵達。

1998 年 AG 健身中心事件後，同志團體舉辦了「誰剝光了同性戀座談會」。（台灣同志諮詢熱線協會提供）

---

[16] 相關事件可見喀飛，〈台灣同運現場：誰剝光了同性戀？–AG 健身中心事件〉，網址：http://ageofqueer.com/archives/10522

往樂園的夜航船：二二八公園

馬翊航

「這座蓮花池裡根本沒有蓮花，花都跑哪兒去了？」

裴學儒的〈花兒不見了〉（《第十二屆台北文學獎得獎作品集》，2010），不同世代大小 GAY 的對話，引出了二二八公園的前世今生。年輕的小獸髮型俐落，日曬一身古銅皮膚，懷疑那些蓮花是否真正存在過，看過那些蓮花的人，遙遠的彷彿全已死去。較年長的 GAY 對小獸說，那蓮花的確存在過。「而且《孽子》裡的龍子曾經和阿青說過，池子裡蓮花開的時候，最多有九十九朵。」他說看看公園中的 TAIPEI 草叢，字母 E，是最適合躲藏，也最適合狩獵的密地。

「E 的兩個凹槽一方面對外開放，一方面隱密性又高，以前樹叢也不太修剪的，有時候樹葉一多，E 遠遠看上去就會像個 B，可以遮蔽更多東西卻一點也不妨礙視野。」（裴學儒〈花兒不見了〉，《第十二屆台北文學獎得獎作品集》，2010）

蓮花不見了，不只是風景的變化，也暗喻了公園前世今生的歷程，以及人群遊走、交流、探索情慾方式的改變。如今圍牆不再，暗夜的威脅不再。新公園到二二八公園，記憶的晃遊之處，仍有一些事物被傳遞，收容了起來。

同志浮出地表
——新新公園導覽圖

1996 年，同志空間行動聯盟為同志空間解嚴，繪製「同志浮出地表——新新公園導覽圖」，於台北新公園（現二二八公園）推出，並為同志活動空間命名新名。（謝佩娟提供）

權力空間與情慾空間

座落於台北市中正區，由襄陽路、凱達格蘭大道、懷寧街、公園路包圍的二二八紀念公園，原本名為新公園，是台北市中心的重要公共空間。新公園當初的建設，反映了日本統治台灣時期，殖民者對城市空間構造的思考。西方現代公園的形成，因應了工業革命後，大量勞動者對公共空間的需求，1903 年東京的日比谷公園，就是明治維新後第一個模仿西方公園規劃的城市公園，1905 年開始成形的台北公園──亦即新公園──的雛形即來自日比谷公園。稱之為新公園，乃是相對於 1897 年興建的圓山公園。新公園雖是休憩型的公共空間，在其中，卻不難發現政治、權力、地景、建築語彙之間的變遷與轉移。原本公園範圍內的天后宮被拆除，公園內部陸續樹立兒玉源太郎銅像、後藤新平銅像，就意味著從傳統城區、信仰中心轉移成殖民地現代化、國族化空間的過程。而戰後興築的古典花園亭榭造景，與 1995 年更名為二二八和平公園的舉措，都可以看到公園內部建築與政治語彙的交錯。

但在此之外，新公園更是許多人踏入同志世界的第一站，入夜後的新公園，有著與白日截然不同的光影，觸覺與密語。新公園是何時成為台北男同志的聚集地？實際的時間點已經難以確知，但透過口述歷史與採訪，可知在 1950 年代，新公園就已經有了許多隱密的情慾活動。以地理區位來說，新公園位於台北車站附近，接近城市的交通輻輳點，使得新公園有著絕佳的地理條件，形成人群匯集的中心。此外，位於博愛特區周邊，缺乏密集的住宅區，使得公園夜間較少居民遊憩，安靜、隱密的特質，間接形成了男同志情慾活動的空間。而公園不需要消費即能進出的模式，也容納不同階層的人進入公園。

公園內建築空間的配置，一方面左右了人群活動的動線，但人群的連結，也賦予了空間個性。人群內部的異質性，也在公園內形成不同的

小型群體，有著不同的活動模式與規範。以公園的內部配置來說，蓮花池、烏龜橋、圍牆、情人座椅、音樂台、花台、公廁等，不同的空間有不同的功能。在不同時代即有不同的功能，男同志群體間對空間的命名，也形成了一套特殊的溝通符碼，將僵硬的公共空間情慾化，挑釁、干擾了權力空間的意義。

22　　這種特殊的情慾活動模式，絕大部份的因素，來自於保守社會風氣下，同性性行為的污名化。空間的特殊性格，使得男同志的情慾活動，在社會的保守風氣下，有了容納、隱身的可能。但在新公園內，情慾的探索，身體的接近與連結，像是幽微的角力，有其特定的模式與範圍，也隨著時代的變化，生產出了一套特殊的語彙。「先生借個火吧，現在幾點？」是早期男同志在新公園內常用的搭訕語。你來我往的摸索，是情欲的冒險，也成為了許多同志「出道」，自我探索的共同經驗。那種興奮與新奇，是新公園夜間活動的重要元素。新公園的「新」，像是替新來乍到的同志，上了慾望學校的第一課。但這個慾望學校，並沒有無往不利、水到渠成的保證，身分曝光的危機、對陌生人的不信任、治安單位的控管，都讓這些情慾活動游移在興奮與恐懼之間。1997 年的「常德街事件」，更是治安單位刻意騷擾新公園周邊同志活動的一頁不堪痛史。

新公園的集體記憶與象徵意義

提到新公園，不可能遺忘白先勇的經典《孽子》。小說中，新公園被形容為「黑暗王國」。蓮花池本是新公園內同志聚集活動的重要地點。早期原本錯落、不規則的設計，讓蓮花池畔的人群動線，有著詩情畫意、你來我往、欲拒還迎的情趣想像。1963 年市府對蓮花池進行翻修，成為一閣四亭的園林配置。雖然失去過去空間型態的情趣，但蓮花池，仍然是新公園內同志活動的中心點。《孽子》中，黑暗王國的子民，繞著蓮花池畔一圈又一圈地繞行，像是儀式，也必須提防警察暴

力對王國子民的突襲與挑釁。蓮花池的意義，由於白先勇的《孽子》，疊合更為多重的象徵意涵。蓮花池收納了龍子與阿鳳激情的悲戀，儀式一樣不斷繞圈的步伐，也暗示了情感與現實生活的掙扎與困局。《孽子》小說在同志族群中取得的經典性，以及多次不同形式的改編，蓮花池的意象，有了更為具體的面貌（雖然蓮花池在電視版中是以植物園的蓮花來取代）。地景的記憶與文學空間彼此結合。《孽子》中有著豐富的家國人倫慾望的交會，作為小說主要場景的新公園，從過去到現在的公共空間意涵的角力，更與小說相互作用。論者也曾指出，在蓮花池畔的情慾活動，瓦解了新公園中營造中華文化正統、象徵空間的神聖性。白先勇的「黑暗王國」，其特殊的意義，也隨著空間的變換，不斷被記憶、被發明。

白先勇《孽子》將新公園被形容為「黑暗王國」，是許多同志口中暱稱的「公司」。（吳景騰攝影）

汙名與現身

新公園既是同志情慾活動的重要場域，出於社會對同性情愛的陌生，以及社會整體恐性的氛圍，新公園自從有同志活動開始，也成為了主流社會獵奇的標靶。1959 年的《聯合報》就曾經有讀者投書，抱怨新公園成為城市的亂源，「同性愛的氾濫地」、「男娼的禍害」。1991 年的《時報周刊》，也仍有〈台北新公園成為性公園〉的文章標題。新公園的活動，在男同志社群內部，也不見得是光明清新的。

「混新公園」的習慣，對某些同志來說，甚至可能是「行情低落」的象徵。男同志之間，把去新公園活動，諧趣地稱之為「去公司」。「在這樣一個族群裡頭，可以分成有人去公司有人不去，或者說『去公司』這件事其實已經被污名化了……如果我說我是一個很常去公司的人，是不是意味著我是很爛的別人會不敢跟我在一起。」（受訪者小魚，出自謝佩娟〈台北新公園同志運動 ── 情慾主體的社會實踐〉，台灣大學建築與城鄉研究所碩論，1999。）新公園從來就不只是慾望的樂園，也暗藏著種種有形與無形的危疑與威脅。除了警察單位對公園份子的巡邏檢查，也有人刻意掌握了同志身分的「不可見光」，在公園中對單純的學生族群、未出櫃同志仙人跳，以曝光憂慮作為把柄進行勒索。公園中確實存在性交易現象，性交易帶來的性階序想像，也讓公園中的「性」，成為了次等的性。

隨著 90 年代中期新公園的改建工程，這些長久累積的性與空間的污

名，讓同志族群內部發起一系列的運動，在 1995 年底形成跨組織的「同志空間行動陣線」藉由座談、現身空間的活動，對抗內部與外部的污名，同時也讓這個與同志生命經驗密切相關的集體記憶空間，不只是容許單一的聲音在其中。新公園整建後，會不會影響原來的同志使用者？應該怎麼樣保留這個空間？如何讓（各種形式上的）公共空間保留同志族群的主體性，成為了系列運動的核心。重要的是，女同志族群，並非原本新公園情慾活動的參與者，但女同志在運動過程中，與男同志族群的對話、協力、矛盾，也成為了性別空間運動史中重要的一頁。

去公司上班囉——既像例行公事，又似其中存在某種特殊的秩序分配，或將情慾需求視為自然的日常。從白日到夜間，從規範到游離，語言的挪移也意味著身體與身分的挪移。正如賴正哲的新公園《去公司上班》研究所言，如果台北的新公園是人數最多的「總公司」，那麼台灣各處有著情慾活動的地點，不也都是分公司？何處不公園，何處不公司。如今同志的活動空間與交友地點，雖已不必侷限於黑夜樹叢中的眼神流轉，到公司上班也不再是許多同志的例行公事。但愛與慾之間的試探與角力，污名與現身的行動，社會的窺視與獵奇，受污名摧折的生命，又是否真正的消逝或癒合？

〈花兒不見了〉的最後是這麼說的：
「花兒其實未曾消亡，那一朵朵明艷如紅燈籠般的睡蓮，只不過是躍過圍欄爬上了岸，在這座城市的各個角落，繁衍出向陽又耐旱的後裔。」

從台北新公園到二二八公園，現在同志的活動空間與交友地點，雖已不必侷限於黑夜樹叢中的眼神流轉，到公司上班也不再是許多同志的例行公事。但愛與慾之間的試探與角力，污名與現身的行動，社會的窺視與獵奇，受污名摧折的生命，又是否真正的消逝或癒合？
(吳景騰攝影)

走過紅樓，點亮彩虹燈

林佑軒

> 對我來講，去那個地方雖然說是聊天，但那個自在的情緒會被放大。
> 可能就會想要看到一些活生生的同性戀在那邊的感覺，某種程度上來
> 講就是「欸，你知道這個地方是同性戀會來的地方。」其實我真的很
> 難用一個我所知道的辭去描繪那種感覺，但它真的就是一種，嗯……
> 一種歸屬的，特殊場所吧。　　　　　　　　　　——羅毓嘉訪談邀華，
> 　　〈男柯一夢夢紅樓：西門紅樓南廣場的「同志市民空間」〉，2010。

從商場到同志情慾空間

（圖片來源：《美華報導》
327 期，1996 年 1 月 20 日）

紅樓與周邊商圈的歷史可追溯至日本時代。紅樓商圈，日
本時代名喚「西門町市場」，包括八角堂（今紅樓最醒目
的八角樓）、本館（與八角樓相連的十字形建築），以及外
店（位置約當今日的紅樓南廣場同志商家聚集地）。市場於
1908 年竣工，1920 年納入台北市管理，次年命名為「西
門町市場」，1931 年再次改名為「公設西門町食料品小賣
市場」，容貯著販賣食品、日用品、玩具、菸草、茶等雜貨
的鋪攤。

建於日治時期的紅樓，因時代轉變幾經易名，劇場、書場、戲院，在 70 年代後轉
型二輪電影院，也成為男同志的情慾空間。（西門紅樓、台北市文獻委員會提供）

國民政府於 1955 年接收西門町市場。八角樓的用途也從原先的百貨轉為戲院，由上海商人投資經營，出演平劇、越劇、說書相聲等表演藝術，於 1949 年易名為「滬園劇場」，1951 年易名為「紅樓書場」，1956 年易名為「紅樓劇場」，1963 年改播電影，易名為「紅樓戲院」。70 年代後，大型電影院林立，紅樓難攖其鋒，經營日漸困難，最後轉型為二輪電影院，並以色情小電影的播放獨樹一幟，也為同志意外打開一新的情慾空間。在黑矇矇的電影院裡頭，完全不認識的陌生男子可以趁機互相毛手毛腳。

2000 年，紅樓慘逢祝融之禍，為因硬體老舊、台北商業重心轉移的西門紅樓帶來改弦更張的契機。兩年後，紙風車文教基金會進駐西門紅樓，以餐飲、精品、藝文活動交相輝映的複合式經營方式，嘗試為老商圈帶來新氣象。然而，十字樓的經營權波瀾，及南北廣場商家的經營不善，仍為紅樓帶來一段青黃不接的時期。直到 2006 年，第一家同志商家——小熊村，悄悄進駐。小熊村的「熊」，並非是圖鑑上的動物，而是男同志的一個族群分類。動物界的熊，給人一種雄壯、憨厚、力大無窮、時而勇猛、時而溫柔的印象。男同志圈的熊，也呼應了這樣的印象。熊族專指體毛濃密、身材微肉、胖壯的男同志。在崇尚精壯結實的主流男同志圈中，這樣的身體一度是被賤斥、被鄙棄的。然而，從歐美的藍領粗獷風格，到日本的都會休閒風格，熊從被主流賤斥的邊緣漸次集結，吹響反攻中心的號角，儼然成為近年男同志族群次文化興盛以來，最具爆發力、集結力、戰鬥力的一族。頗受歐美與日本熊族影響的台灣熊族，當然也發展出自己行住坐臥、吃穿打點的深厚文化。

小熊來了，我在這

最先是網路集結。網路家族「小熊村」，在結合 GPS 的交友軟體尚未勃興的 1990 年代末、2000 年代初，聚集了四面八方的熊兒，在雲端相知相談。其中有一熊，一日福至心靈，決定在紅樓南廣場頂下

一爿小鋪，擺開露天雅座，販售簡餐、飲料、咖啡、酒水，讓熊熊朋友有個溫暖的空間相聚。此前，台北的同志空間，或如二二八公園、陽明山溫泉、各公私立游泳池，為不可言說的暗角；或如晶晶書庫、同志三溫暖們，隱身於里巷之間。小熊村的開張，可以說在繁華的、主流的商市之中，宣告著「我不同」，更訴說著「我在這」、「我平常」，以及「我歡迎」。小熊村的興盛，也受益於同志圈近年來興起的健身風氣，承接了在左近健身中心甩腰練奶之後想找個地方談天地、聊南北的同志。此後一段時間，在同志圈中，西門紅樓的暱稱就是「小熊村」，直到後來的「兩熊」、「G 樂園」、「G2」、「牡丹」、「壞男 bodyfit」、「司令 Commander」等的同志咖啡屋、簡餐店、泰式料理店、同志服飾店、BDSM　BAR 的進駐，形成同志商圈的規模經濟，「小熊村」的暱稱才漸漸承讓給「西門紅樓」。所以，我們可以說，

2006 年後，因小熊村而帶起紅樓同志商圈的興旺繁榮，創拓出專屬同志的露天公共空間。（吳景騰攝影）

每逢大活動，好比遊行或跨年，貴客們甚至盛裝出席，共同競豔爭妍，彼此交融在一場最盛大的狂歡中。（西門紅樓提供）

紅樓同志商圈的興旺繁榮，乃是熊為前鋒，夙夜匪懈，篳路藍縷，以啟山林的故事。

紅樓的同志商圈興盛、客群擴大混融之後，交錯舞動在八角樓後的南廣場上。2006年時，百廢待興的紅樓，則由熊族當先鋒，從無到有，從一間店起始，創拓一個光明正大的、多色多姿的、妖嬈與陽剛交揉的，專屬同志的露天公共空間。

異性戀最好的性別機會教育場域

啟山林、開基業，風水地理也很重要。日本時代的紅樓格局至今未變。這一塊由成都路、漢中街、內江街、西寧南路包圍的寶地，南北

各有長形樓房，中間橫亙著十字樓與紅樓。這兩座古色古香、彼此相連的市定古蹟，隔出了南廣場與北廣場。北廣場有創意市集，南廣場就是同志商圈。這樣的格局，讓南廣場成為有邊界、有屏障，卻又對外開放的同志空間。這樣的空間，同時滿足了隱私權——沒有特別走進來，就什麼也看不到，及開放性——歡迎任何人到訪。

30　　一方彩虹小天地，就這樣在建築物的「熊抱」中，施展開來。以大尺度的地理區位來看，紅樓恰好位於台北幾個重要的同志空間附近：性別運動昂揚、彩虹大旗飄飛的凱達格蘭大道，曲徑通幽、暗香晚荷、花叢草葉深處一縷情慾流動的二二八公園與常德街，各大健身中心，以及水霧氤氳、一晌貪歡的「漢士」、「光馬」等同志三溫暖。於是，無論是同志大遊行結束後的歡快續攤、深蹲練奶肌後的放鬆

2003 年，公視製播的《孽子》選於具代表性的紅樓舉辦首映，同志團體則藉由「服裝」與「空間」呼喚重現當時的同志，攜手走上彩虹旗地毯，重回同志紅樓大戲院，向資深同志致敬。（台灣同志諮詢熱線協會提供）

小酌、前往二二八公園或同志三溫暖探險情慾前的熱身小憩，西門紅樓都溫柔承接著一群又一群，已不限於熊族，擴大到所有同志族群的佳賓——至於異性戀，不管是讓同志朋友領著開開眼界嘗嘗新，還是不小心走錯了西門站的出口，誤打誤撞來到了這一彎彩虹桃花源，也都得到了友善的對待——也許，除了偶爾承受到同志朋友的好奇眼光：是異性戀耶！而這，不也是最好最好的，感受自己身為少數的性別機會教育嗎？

如今，西門紅樓的同志空間，以南廣場為中心，已發展成 20 幾家商鋪，其中十幾家為同志酒吧的規模，後來居上，媲美著倫敦的蘇活區、巴黎的瑪黑區、舊金山的卡斯楚街。夜幕低垂之時，彩虹燈飾一盞又一盞點燃，打扮入時，或潮牌 T 繃出胸肌、或作主題經典裝扮的服務生穿梭於一桌又一桌看點不輸店家的人客之間，點單、調笑、傳紙條。每逢大活動，好比遊行或跨年，貴客們甚至盛裝出席，穿上 20 公分玻璃高跟鞋，再用眉筆畫出絡腮鬍，共同競豔爭妍，彼此交融在一場最盛大的狂歡中。同志與異男共戲，皇后與野郎同歡，自拍與他拍，閃光燈此起彼落，照亮了西門町的天空。從「小熊村」開始，令人驚奇地發展為台灣最大的露天同志商圈的西門紅樓，近年也組織起來，組成「紅樓彩虹友善商家聯盟」，盼望在商業運營之餘，更能為社群盡一份心、出一份力、暖一份情。

參考資料

1　羅毓嘉，〈男柯一夢夢紅樓：西門紅樓南廣場的「同志市民空間」〉，2010。

2　西門市場：https://zh.wikipedia.org/wiki/%E8%A5%BF%E9%96%80%E5%B8%82%E5%A0%B4_(%E5%8F%B0%E5%8C%97)

3　西門紅樓：https://zh.wikipedia.org/wiki/%E8%A5%BF%E9%96%80%E7%B4%85%E6%A8%93

4　台灣十大同志友善地點：http://www.ketagalanmedia.com/2016/03/07/top-10-lbgti-destinations-in-taiwan-tw/

5　西門紅樓南廣場同志文化聖地「牡丹」 蕭江銘：https://store.gvm.com.tw/article_content_31823_1.html

男人是水做的：三溫暖文化

馬翊航

男男之愛沒有一見鍾情，因為眼見不足為憑，除非是在三溫暖這樣的場所，才能毫不需羞恥或扭捏，單刀直入破題。……那個下午，在悶濕的三溫暖裡，一個過期的答案，終於掙脫了羞恥的層層包裹。甬道上，三四個鬼鬼祟祟的人影如蟑螂搖動著觸鬚般，試探起彼此肌膚的敏感地帶。

中間的那扇門隔出了現實與幻想，我在門裡，也在門外。

——郭強生《斷代》，2015

郭強生《斷代》中的小說人物，在三溫暖的情慾活動中，目擊，竊聽了年少時期的愛戀對象在小房間內，被進入而發出愉悅放縱的呻吟，才意會那至今未曾解開的秘密——原來我們「撞號」。「撞號」當然只是一個淺白的說法，小說人物未能結合的情感糾纏比起這個理由複雜的多。重要的是，在他眼中，三溫暖是可以放縱身體，卸下日常包裝的場所，也才能在偶然情況下，窺見他也許並沒有機會在日常生活中探問的，對方關於性愛的偏好。

雙人與多人對手與角力的性探索空間

三溫暖，也稱作桑拿，是芬蘭傳統蒸氣浴「Sauna」的音譯。三溫暖不只是單純的洗浴、養生，洗三溫暖的行為，也提供人群暫時離開生活與勞動常軌的空間。台北在 1970 年代前後開始風行的三溫暖，除了本身具有的休閒功能，也成為往來旅人價格低廉的投宿選擇。台北同志三溫暖的興起，與同志社群中，受到外界壓抑的性活動有著密切的關係。三溫暖提供的隔絕式的空間，對許多男同志族群來說，是一個相對安全、隱密的性探索空間。相較於公園、公廁與異性戀活動空間的重疊與排擠，一個生理性別單一的休憩場所，以及省去繁瑣社交

步驟的性活動，成為發洩生理需求，滿足性愉悅的絕佳選擇。卸去了日常生活衣裝形象的扮演，以軀體素面相對，氤氳的水氣，迷濛的光線，提供遮掩、試探的空間配置，使得三溫暖內部的情慾探索，也宛如雙人與多人的對手與角力。

以台北來說，早年位於國賓飯店地下室的國光浴室，是許多人記憶中第一家有著同志特色的三溫暖。之後的「百樂池」，也曾有極度輝煌的時代，日後因中山堂改建停車場而歇業。其他早期的三溫暖例如「今統」（蔡明亮的《河流》即是在今統取景）、「皇宮浴室」，也都有各自的特色與消費者。日後紅極一時的大番會館，位於台北車站旁的絕佳地理位置，以及圈內的口耳相傳，使得大番的人氣成為當時同志三溫暖中高居不下，及至今日回顧，大番三溫暖的盛況仍是空前絕後。在《台北 G 點 100 全都錄》中，以「肉體聯合國」來形容當時大番會館消費者的多樣性。西寧南路的北歐館的客群，則以年長同志為主。目前台北仍在營運的男同志三溫暖數目並不少，如 Aniki 是當前台北規模最大的男同志三溫暖，彩虹三溫暖於 2016 年底結束後，部分股東於 2017 年初重起爐灶新開的「Soi 13 in 彩虹新視界」，原址則續開光馬三溫暖。即使是在交友管道多樣化，同性情慾不再如過去如此隱密的現在，同志三溫暖仍舊有其市場需求。

光影、簾幕、水氣之間的展演

進入三溫暖，即進入了一個與日常生活有所區隔的空間。阮慶岳的《出櫃空間》中道：「似乎在這樣赤裸無法辨識身分的空間裡，可以找到日常生活的隱遁出口，同時還可以得到在中產階級理性生活方式中，所缺乏的自我解放。」三溫暖活動中的性歡愉，是同志三溫暖中最重要的成分。但在三溫暖中「釣人」，同樣有一套你來我往的暗示與語彙。台灣基地協會出版的《男♡男獵艷密技：三溫暖釣好菜》，以簡明的圖文搭配，向三溫暖的入門者，介紹了三溫暖中的潛規則，

進入三溫暖後，即使是以最赤裸直接的方式交流，這其中也同樣有著幽微的身體表演。（光馬三溫暖提供）

以及自我保護的方式。三溫暖雖然因為其經營模式的差異，會有客層分眾的區別，但基本的空間配置大致包括櫃台區、置物櫃、spa 區、休閒區、房間區、暗房區。雖然大部分的性活動發生在房間區與暗房，但進入三溫暖後，即使是以最赤裸直接的方式交流，這其中也同樣有著幽微的身體表演。無論是置物櫃間，淋浴地帶的相互觀察，或是房間與過道的觸碰，試探，擦身，尾隨。邀約與拒絕，性愛過程的加入，觀看，抽離，接手，性快感的組合與邊界，在光影、簾幕、水氣之間，展演了性的無限可能。

也因為三溫暖內陌生肉體的頻繁接觸，使得三溫暖往往被貼上疾病傳播、性氾濫的標籤，或只被視為「洩慾的場所」。在《同志情感》一書中，作者語重心長地告誡讀者，「情緒不穩或性慾高漲時，避免到人肉林立的三溫暖。……人的意念在情緒不穩的時刻，最容易遭到外力外物襲擊……同性戀者，不能老被認定是性濫交、性隨便的族群……」在這樣的觀點下，三溫暖的性，往往被視為是次等的、低階的性。文學作品裡，也常常被描繪為某種性的激情飽饜與空無：「他久已不去三溫暖，愛滋病蔓延之故。今天徹底荒枯的身體裡，把他逐泊到這裡，卻被一幅廢棄的景象震駭住。繁華的煉獄，剩下餘燼升起硫磺煙，是昔日的泛濫情欲，游魂為變，縷縷裊裊穿過光束消失。誰還來這裡，就他們這三、五個不要命的渣子！」（朱天文〈肉身菩薩〉，《世紀末的華麗》，1992）

蔡明亮的《河流》中，則選擇了最陰鬱濃重的畫面，來經營摸索最私密、深層的慾望。父親與兒子在三溫暖中意外亂倫的禁忌場景，那流動的陰暗水氣，都指向了記憶與情慾內部最難以廓清的質地。在一些過去的訪談資料中，也會有常客為三溫暖辯護，認為三溫暖雖然是一個發洩性慾的管道，但至少不至於勾搭到非圈內人，相對來說更為隱密，安全。這種好性、壞性的區隔，可能更來自整個社會對於性的階序想像。即使三溫暖是一個相對隔離的性活動空間，同樣也會受到外

界力量的侵入與干擾。除了與性有關的污名標籤，媒體報導對同志三溫暖的窺淫與獵奇，三溫暖還必須承受治安單位的檢查與騷擾，例如過度的臨檢、臨檢過程中的言語羞辱，都是使同志族群感覺痛苦的恐懼記憶。

收納記憶與傷害的另類家庭

但三溫暖並非完全只有性的機能，在休憩與性活動之外，三溫暖也同樣具有社交與訊息分享的面向。正因為什麼樣的人都可能來到三溫暖，三溫暖的經營者，往往也是這個城市中蒐集了最多故事的人。陳俊志的紀錄片《無偶之家，往事之城》中的漢士三溫暖，就不只是情慾空間。漢士三溫暖的經營者阿嬤，身分是一位上了年紀的老 GAY，因為經常照顧及幫助客人，在同志圈深受敬重而被尊稱為「阿嬤」。根據喀飛回顧，報導老 GAY 口述歷史的書籍《彩虹熟年巴士：12 位老年同志的青春記憶》（基本書坊，2010）最初尋找受訪者受挫時，是因為漢士阿嬤的慨然相助，許多信任他的老年同志才在他鼓勵下成為受訪者。三溫暖成為了一個收容多元生命，收納記憶與傷害的另類家庭。《壹週刊》曾經報導過漢士阿嬤的除夕年夜飯，溫暖了一桌流離孤寂的生命，故事的傳播，也給了許多經驗相似的同志憑藉與安慰。

行經大街，離開人群，上樓或下樓就能抵達那溫暖或激情的水域。散落在城市中的三溫暖，在人造的池水與暗室裡，組合或流洩著不同的慾望與渴求。那是一個小型的宇宙，有其愉悅與寬慰，也有其緊張與界線。水與角落，吸附或滌淨了日常累積下來的污損──物質的與情感的，讓事物卸去包裝，成為透明，與那些窺探的，接近的，僵硬的，重新流動起來。

現身與隱匿：溫泉、泳池、海水浴場

馬翊航

*在翻身之際／偶然相撞一起，重新／回到了肌肉的主題……震顫／是
年輕的風聲吹過／水花永隔，再不能回頭。*

——鯨向海，〈青年公園泳池所見〉

鯨向海筆下有許多詩作，以泳池、溫泉為意象，寫情感與身體的遇
離。泳池、溫泉，或海水浴場這類需要裸露身體的休憩場所，是許多
男同志體驗情慾、鍛鍊與鬥艷的所在。但與同志三溫暖略有差異的
是，這些空間，並不專為男同志而設計開放，但某些特定地點卻逐漸
吸引了許多男同志聚集：花藝村、國際大旅社、川湯、皇鼎、沙崙海
水浴場、青年公園泳池、玉成公園泳池……這些地點帶來的體驗各有
不同，但的確成為許多男同志的共同記憶。這些以「水」為主體的空
間，既可以正當展現、裸露身體，當然也有觀看、慾望他人肉體的可
能。當觀看與偷窺的界線模糊起來，也偷渡了身體的慾望。

這些空間的成形，往往有賴於社群內部的口耳相傳，而具有某種堡
壘、據點性格。這些對大眾開放的空間，成為了同志的「秘密基地」
後，開放／隱匿之間乃有了辯證的可能，空間的公共性格也變得曖
昧。許多男同志與這些空間的「初體驗」，也有了印證傳言、親身冒
險的性格。雖然許多男同志在空間中的活動（例如在泳池日曬展露身
體、釣人而非游泳），也會被社群內部視為「本末倒置」，但從另一個
角度看來，這些空間的性格無形中也被挪移，擴充了。然而在這些空
間中較為大膽的情慾行為，也不時帶來與異性戀男間的衝突。同志
社群對於在「異性戀空間」進行情慾行為的辯論，亦是時有所聞。但
什麼是「異性戀空間」？（同志的）情慾行為在什麼樣的基礎上需要被
「約束」？在立場的辯論之外，其實仍然不斷提示我們，社會既存的空
間認知與慾望管束的狀態。

杯酒人生，彼此現身
守護青春鳥的台北男同志酒吧

翟翱

「我家那桃源春麼，就是個世外桃源！那些鳥兒在裡頭，外面的風風
雨雨都打不到，又舒服又安全。我呢，就是那千手觀音，不知道普渡
過多少隻苦命鳥！」 　　　　　　　　　　　　——白先勇《孽子》，1983

「雨夜孤燈誰都怕，不如來吧裡打發時間也好。老七這店裡別的沒
有，就是卡拉 OK 歌曲比任何一家吧都多，二十多年前的陳年金曲
他都保留著。在別處找不著的記憶，適合在又冷又雨的夜裡來他這
裡重溫。」 　　　　　　　　　　　　　　——郭強生《斷代》，2015

60 年代末，酒吧隨美軍到訪進入台灣，從中山北路蔓
延至林森北路、雙城街、民權西路、農安街、德惠街
等地。(吳景騰攝影)

《孽子》的引文出自楊教頭之口，現今看來頗有安得廣廈千萬間的豪氣；「桃源春」是《孽子》青春鳥兒們的集散地，正是 1970 年代的同志酒吧。青春鳥兒長大了，老去或折翼，於是我們來到《斷代》裡 1980 年代的同志卡拉 OK 吧。老七守著歌本像隱形的守護者，藉由一首首金曲為那些太過青春、太快失去青春的鳥兒們驅散雨夜，打消孤燈。

回首台北同志酒吧，除卻文學上的追憶，我們也可從時代脈絡中尋得殘跡。其中，60 年代的冷戰體制／美援文化，70 年代末的迪斯可文化，80 年代自日本引進的卡拉 OK，在在影響同志酒吧的風貌，更使台北同志酒吧概分為幾種路線：英式風格酒吧——不外乎喝酒、打撞球、射飛鏢，是最早期的酒吧類型；以迪斯可為主後轉為 Asia Pop；以及卡拉 OK 吧。

存有又隔離於異性戀空間

時移事往，「桃源春」不再，「MELODY」卻餘音未散；幻化成更多采多姿的同志酒吧，從「Funky」、「G*Star」、「ABRAZO」到「Fairy」，乃至條通裡的各色同志卡拉 OK 吧。這些酒吧如此不同，型態各異，卻來自同一個使命——即隔絕楊教頭所謂的「風風雨雨」。

「風風雨雨」一詞用得含蓄，卻點出了同志與主流社會之間的權力不對稱，前者只能承受（或躲避）主流社會的風雨。同志想呼風喚雨，那是 90 年代以後的事。尋覓一家同志酒吧，看似無涉政治，實則關乎同志在公共空間的開疆闢土。

公共空間何以不容同志？畢恆達在《空間就是權力》（2001，頁 116-119）裡一語道破：「我們本來以為公共空間是一個去性或無性別（asexual）的空間，可是，透過日常生活中的重複表演與行為規範，卻發現公共空間其實是異性戀空間⋯⋯同志空間，本來應該是無所不

在的，就像異性戀空間。但在現實異性戀的宰制下，仍然需要一些專屬於同性戀的空間，讓同性戀可以彼此看見、彼此現身，讓同性戀不再覺得自己是怪異的，是孤獨的。」

彼此看見、彼此現身，始終是同志酒吧的重點所在。

有別於約定俗成、耳語相傳的某海水浴場、公園、公廁或三溫暖，在「燈光打亮」後，有轉為「一般公共空間」之虞；同志酒吧具有「永久性、可辨識性，以及鼓勵人們進行社會性交往的特質」（阮慶岳語）。是以，近半世紀以來，同志酒吧成為同志最為重要的公共空間，在同志酒吧消費成為體現慾望的過程。也因如此，同志酒吧文化一直以來都與資本主義眉來眼去，有相當的階級色彩──酒錢與入場費排除了那些未達消費門檻的同志，此外，上酒吧當然得好好展現／打扮自己，也需要相當的資本。

吳佳原在碩士論文《城市荒漠中的綠洲：台北市男同志酒吧經驗分析》考察，台灣同志酒吧發軔於 1960 年代末期，之所以與冷戰體制牽連，是因當時美軍帶來了酒吧文化。彼時，酒吧隨美軍到訪進入台灣，從中山北路蔓延至林森北路、雙城街、民權西路、農安街、德惠街等地。

1970 年，「香檳」開張，普遍認為是第一家同志酒吧。在此之前，新南陽戲院地下室的「滿庭芳」吧、南陽街上的「馬德里咖啡廳」，以及新南陽戲院都是 1960 年代同志的出沒地。此外，1971 年開設的「一番館」餐廳，白天是川菜館，夜晚則吸引同志駐足。在酒吧尚未變成同志酒吧的夜晚，同志早已秉燭夜遊，暗香浮動，情慾紛然，努力打造屬於自己的公共空間。

這時，同志在酒吧不外乎喝酒、吃小菜、聊天，有時高歌一曲，台下聽眾興致一來也隨之舞動。不過，當時跳的多是跳恰恰類的社交舞。值得一提的是，因經濟水準之故，消費人數有限，酒吧內通常是熟人，具有強烈的團體色彩。

然則，「香檳」因為生意太好，引起其他餐廳、酒廊的不快，遂報警檢舉，最終收攤。這不過是男同志與警察糾纏不休的戲碼之一，至今仍在上演。也說明即使是同志酒吧，也非安全穩固的所在；空間上的喘息，不代表社會的了解。同志空間受到公權力的騷擾仍時有所聞。

「香檳」打烊後，又有七條通的「瀟湘」與「信洲」，兩者以鋼琴電子琴居多。之後便是「桃沅村」（正是白先勇筆下的「桃源春」）的誕生。到了 60 年代後期，前前後後出現過六六、多多、金冠、和秦、巴瀝史等店，同志逐漸浮現於社會，並開始了男同志酒吧之間的競爭。

此一時期的酒吧聚集在西門町、新公園、台北火車站、中山北路、國賓飯店一帶；乃因西門町本是同志聚集處，加上中山區是美軍流動範圍。

寓情於歌與週末狂熱

80 年代後，台灣經濟快速發展，酒吧消費者因此變多。這時對同志酒吧影響最大的，是由日本引入的卡拉 OK。彼時有巨門、龍之音、大西部、金帥、日活、樂心、孔雀等店，以同時兩三家並存的方式相繼出現。有趣的是，當年的卡拉 OK 不像現在有螢幕、伴唱帶，而是有歌本；且輪到時，廣播還會喊人上台。

回顧歷史，甚且不用回顧歷史，想想這些年同志酒吧的生態變化，會發現店家沒幾年便換過一輪，酒吧的卡拉 OK 文化倒是未有斷代。何以卡拉 OK 成為最長壽的同志酒吧型態？

同志寓情於歌，很可能是主因。在卡拉 OK 吧全盛時期，人人都有一首招牌歌，既抒發心事又展現才藝。同時，歌曲也是一種保護色，一曲訴衷腸，儘管曲曲折折，畢竟也是一種感情抵達的方式。

雖然，國語流行歌多傷春悲秋異性戀情史，但男同志每每將之幻化為一己之心聲。有學者歸納出：酷味女子宛如同志、男歌手身體美學的頌揚、充滿密碼的歌詞玄機，三者為同志截直取彎異性戀歌曲的切入點。藉由歪讀文本，同志得以〈愛如潮水〉（張信哲歌），訴說〈他不愛我〉（莫文蔚歌），謳歌〈姐妹〉（張惠妹歌）。

時序來到 1984 年，位於中山北路一段、名滿一時的「名駿」開張，是台北第一家主打迪斯可的酒吧。當時的「活動流程」是：唱卡拉 OK，跳舞，再唱卡拉 OK。與現今的同志酒吧相去不遠。迪斯可文化席捲之時，也使同志酒吧客群出現分野：較年長者不好此道，仍屬意較靜態的酒吧生態，因而出現「情人橋」、「蝴蝶谷」等中年吧。甚且，有鎖定更年長客群的「名舫」等。

1987 年，「倉庫」始開，占地百餘坪且規畫仔細，一時狂吸台北同志造訪。然則，開業沒多久就被幫派砸毀，後被勒令停業；主事者更被警察逮捕。值得一提的是，當時的主事者「趙媽」捨棄過往同志酒吧的沙龍風格，將店內設計成具現代的簡潔空間；去除厚重元素，酒客更能自在穿梭其中。同志酒吧的裝潢風格，至此開始解放。曾經在楊德昌電影《麻將》裡頭軋一腳的趙媽是許多同志酒吧的靈魂人物。林森北路某處地下室的「柴可夫斯基」（簡稱「柴可」）也是趙媽的地盤。柴可裡頭的低消就是一杯飲料（酒、汽水為主）。據稱柴可的主要客群就是台灣大學和台北藝術大學的男生；但這可能只是笑談。

「龍星音樂交誼所」、「天
蠍座」是限今尚存的中老
年卡拉 OK 吧，圖為其在
《G&L 熱愛》所登廣告。

從恰恰舞到 Asia Pop

1993 年，「Funky」開始了它傳奇的一頁，或者
說每一夜，成為時下年輕男同志的狩獵地與遊園
地。此時，酒吧的消費模式也有很大的轉變，非
例假日前夕縮短跳舞時間，前後為卡拉 OK 時間，
公關也會較為親切的與客人聊天、陪酒；在以年
輕人為主的例假日前夕，公關則較少「攀親帶
故」。過往團體色彩濃重的酒吧氛圍在此路線的同
志酒吧一去不返。不過，同一時期仍有「卡門」、
「名舫」、「藝術貴族」等中老年酒吧；「龍星」、「天
蠍座」、「樺谷」、「城都」（前兩家尚有營業）等中
老年卡拉 OK 吧。同志酒吧的客群分野日益明顯。

電音文化自 90 年代末期開始風行，且狂掃全球夜店，風流所及台灣同志圈。「teXound」約在 1999 年起引領風潮，被暱稱為「台客爽」（2002 年結束），週日白天續攤的「2 樓」，乃至 2004 年開張的「AXD」（2007 年改名「JumP」，至 2015 年 6 月結束），堪稱台灣男同志圈電音跳舞 pub 全盛時期。每到週末夜晚，或是「Follow Me」、「G5」等派對舉辦時，更是超過千人狂歡通宵。（註）

在 90 年代中期，熊文化成為男同志文化中重要的次文化，紅樓廣場的「小熊村」首開風氣成為熊族聚集的同志酒吧。演變至今，目前來到「MATT」、「金魚」、「ALONG」、「88」等酒吧，仍是熊族最常出現的同志酒吧。

現今熱門的「G*Star」在 2009 年開張，以 Asia Pop 取代過往跳舞酒吧的恰恰時間——其同進同退的節奏建構出歡暢的社群感，也讓同志多了與陌生人搭上線的機會。Asia Pop 成為「G*Star」最受歡迎的音樂節目，也成為台灣男同志展現「Ｃ／娘」文化的重要場地，藉由操演女性歌手的音樂舞蹈，一反陽剛氣質之餘，同時建構自我認同。

另外，近年也興起一種不算酒吧的同志夜店，不賣酒，而以喝茶或咖啡為主；客人在店內相聚聊天，夜晚熱鬧且燈光明亮，週末甚至營業至半夜兩點，如「DCUP」、「熊飲」等。

如果在今夜，一個同志，可以去以年輕人為主力，純喝酒聊天的同志酒吧 ——「ABRAZO」、「Fairy」、「bacio」，或是跳舞為主的「G*Star」，以及紅樓廣場各露天酒吧和紅樓外、周邊的「Hunt」，狂野刺激的「Commander Deluxe」等分眾明確的酒吧，還有林森北路條通一帶的卡拉 OK 吧。

台北同志迎來最多選擇的時代，同志公共空間雖然散落此城，燈火明滅，酒杯肉搏，但同志酒吧文化正面臨許多考驗──實則各國同志酒吧都有萎縮之虞，包括都市仕紳化對酷兒文化的侵蝕，以及商業邏輯下的租金問題。

還有即將到來的未來：如果在今夜，一個結婚的同志，一對相互承諾終生的男男，還會去同志酒吧嗎？留意你今夜的酒伴吧，看看兩年後──同性婚姻法制化後──他在何處？同志酒吧在台灣，一個存有又隔離於主流社會的空間，未來何去何從，將隨同志與主流的互動浮沉。

註 有關台灣同志電音盛世時期的場景，可以參考小說《ES 未竟之歌》（基本書坊，2014）的描寫。

台灣女同志酒吧的時空分布

陳韋臻

美軍駐台期間的美式社交空間

吉他的音韻伴著低沉的歌聲中，米楣君噴著菸，縮在座位上。
幸福谷的樓上在夜晚總是這個調調。向外面望，可以從巨大的玻璃
窗望見中山北路的燈光和往來如織的車輛；向裡面望，雙雙對對，
三三五五，生意不惡，其中多半是同道。

——郭良蕙《兩種以外的》，1978

1978 年出版的小說《兩種以外的》，書裡描述一個中年湯包
（Tomboy，台灣早期 1960 年代也稱「T.B」，爾後改稱「T」）對一個
年近半百的有夫之婦的苦戀。書中的幾個段落間，提及一個「物以類
聚」的民歌餐廳「幸福谷」，各樣的「湯包」與「婆子」們，伴隨吉
他的「低沉歌聲」，現身於此。幸福谷如保護傘，張揚的成群結隊或
落魄的孤身寡形，湯包們熱戀也去，消愁也去，無論有沒有帶上「婆
子」都去。

這是同志研究者稱「女同志史前史」的時代。

1965 年，美國介入越戰，在冷戰時期被納入第一島鏈的台灣，成為美
軍越戰後勤基地之一，台北市出現各式各樣服務美軍的空間，中山北
路聚集的酒吧、西餐廳、咖啡館等美式文化消費空間逐漸形成風潮。

諸多被後人指認為女同性戀的聚集地，即含納於此性質的消費區域
中：圓桌餐廳（原哥倫比亞推廣中心的一二樓咖啡館改建而成）、希
爾頓（今凱薩飯店）、中央酒店（1982 年改為富都飯店，今為遠雄豪
宅）、國賓飯店頂樓陶然亭等。觀光飯店必須符合「開放進步」的國家

形象，因此提供了女同性戀相對安全的社交空間，成為當時經濟文化階層較高的女同性戀經常涉足的場域。這些場合孕育出後人蔚為傳說的「十二兄弟幫」——台灣最早期出道的一群T，據說是「T」命名的起源，也是當時與美軍文化交流之下的產物。其中包括最著名的「台灣女貓王」黃曉寧，又稱「大頭」，是 1960 年代後半至 1970 年代中的搖滾女歌手，在當時是半出櫃的公眾人物，穿著洋派、髮型前衛，以低沉而帶磁性的嗓音唱著西洋流行歌。（鄭美里《女兒圈——台灣女同志的性別、家庭與圈內生活》，1997）

這群「十二兄弟幫」現身於這些高端消費空間，也因此吸引了更多具有消費力的湯包們，時常進出於這些場合，他們穿著「三件頭西裝」（襯衫、長褲、西裝）、頂著時下流行的「赫本頭」，十幾二十成群現身，在這些「文明」社交空間中，摟著「婆子」跳舞、聽駐唱歌手表演，在這裡「暫時得到一點保障，至少自己的立場不被否定，不被懷疑。」（郭良蕙，《兩種以外的》，頁 245）

Gay Bar 混合期

以前我們穿著大頭皮鞋、西裝進 Gay Bar，那些 sissy 會摟著你叫「哥哥」，我們就罵他們「騷女人」，然後搓搓他們的屁股，他們一天到晚反串，我們進去 Bar 可以很放鬆，靈魂得到釋放（……）
——鄭美里，《女兒圈：台灣女同志的性別、家庭與圈內生活》，1997

台灣第一本女同志田野調查出版《女兒圈》中，引用了一名 T 到 Gay Bar 的經驗描述，訴說著某段歷史時光裡，T 透過人際網絡循線踏入 Gay Bar，享受聲光酣放的環境，在同為社會性邊緣者劃出的安全地盤內，建立起早期 T 與 gay 之間的親密關係。依照鄭美里書寫的時間點，前言描述的經驗，約莫是 1970 年代至 1980 年代中左右的時期。

現有出土的口述資料中，直至 1985 年「純」T Bar 面世前，Gay Bar 是都會女同性戀們夜晚休閒娛樂的投身處之一，熱門者如 1970 年代的 Gay Bar「今晚」、「情人橋」、「大班」等，常見 T 婆身影穿梭其中，因此 Gay Bar 有時亦被異性戀女生誤以為是 Friday（牛郎店）而進場消費。逐漸的，這些 Gay Bar 從 gay 與 T 之間的互罩關係，轉變成合作夥伴，部分 Gay Bar 開始請來 T 公關，擴大服務對象，刺激更多元的消費者進場。

除此之外，此時期亦有少數酒店是由 T 老闆合夥經營，如資深的 T Bar 經營者小昭，在離開酒店公關的工作後，前後與人合夥在中山區開設了「晨」、「夜鴻」、「黑潮」、「源」等酒店，除了同性戀消費者，亦收一般異性戀客人，或「藍天」、「COCO」等「不純」的女同志聚會酒吧，由於圈內人的經營者身分，親朋好友互相引介而來，亦形成女同志的據點。（呂錦媛，《金錢與探戈：台灣女同志酒吧之研究》）

夜的林森北路條通一帶曾在 1990 年代座落許多 T 吧。（吳景騰攝影）

「純」T Bar 誕生

到了？既沒有招牌也沒有標示，我左顧右盼，覷不出有什麼 BAR 的樣子，徐姐按了下地下室入口的門鈴，我才發現小小的門鈴下有個不注意幾乎看不見的小牌子，上面小小的印著 PUB 三個字，（……）門上開了個小洞，一雙眼睛先探探來人，原來門禁還如此森嚴，徐姐笑罵道：「老 K，開門哪！自己人啦，還看！」（……）

——杜修蘭，《逆女》，1996

1980 年代中期，T Bar 在台北興起，成為往後女同性戀社群文化與社交的重要據點。目前可考的第一間「純 T Bar」，是鄭美里記錄下的「忘憂谷」（中山北路、雙城街一帶），起始於 1987 年左右；另有一說台灣商業化經營的第一家 T Bar，是同樣 1987 年前後出現的第一代「Haven」（忠孝東路四段與市民大道間的巷弄）。從西餐廳、Gay Bar、混 Bar，歷經一段時光的蟄伏後，T Bar 成為 50、60 年代出生的女同性戀們「正式出道」（意同「進入圈內」）的途徑，在台灣經濟鼎盛的 90 年代中期，迎向消費市場的高峰，台北、台中、高雄三城合計有超過 30 家 T Bar。

如同小說《逆女》中的描述，當時小 T 多半被已出社會的 uncle（指年長的女同性戀）引入門，初次站在傳說中「T Bar」入口時，卻見不得其門，必須透過通關密語（某某介紹），嘖唧～芝麻開門！窗戶一律用窗簾密密罩上，狹仄空間裡小小的吧台、小螢幕卡拉 OK、小舞池，一屋的酒氣菸霧中，公關坐檯引言，開始輪番自介：是 T？是婆？怎麼稱呼？花名限定是圈內的潛規則，更進一步，「在女同性戀酒吧裡，絕對不要透漏自己的工作地點或家裡電話。」（葉子，〈女同志的自衛之道〉，《女朋友雙月刊》no. 4，1995/04）在性向身分上出道、讓性向身分從個人的私密轉為社會性的認同，卻因著外在環境的不友善，同時將社會身分隱匿入櫃。保護色是一種本能，偷拍新聞環

伺於外，著名的璩美鳳偷拍事件，就是在 1992 年的 Haven 發生。

T Bar 的空間將「十二兄弟幫」那代的湯包們，與 50、60 年代出生的 T（當時都還被視為「小 T」），兩代連結在一起。在 T Bar 中，凡是年齡長過半輪的，遇到 T 就得尊稱「uncle」、遇到婆就叫「姐」，小 T 們從形象打造、行為舉措，乃至於人際上的 T 婆分際等，透過模仿或 uncle 手把手的提點，建立社會性的身分認同，也養成一個跨代的 T 婆文化。在那個沒有網路、交友靠寫信留言的時代，T Bar 對許多女同性戀而言，是認識自己人唯一管道，無論消費者在 T 婆文化中是否自在，依然持續吸引客人上門。

在 1990 年代後，許多 T Bar 都坐落在條通區域（林森北路），原因在於出資者多半出身酒吧、酒店的經營、合作或公關，對這塊經濟區域相對熟悉，另一方面，為了節省開店成本，許多老闆或頂下原本經營的店面，專營 T Bar，部分則與條通裡的日式清酒店（時稱「斯納庫」（snack））合租，上半夜以日本消費者喝酒唱歌為主，T Bar 經營者租

Locomotion 同志人文藝術餐廳招募會員 DM。（瞿欣怡提供）

音樂風格

Soul	30%	Rare Groove	15%
Jazz	10%	House Music	15%
Funk	16%	Alternative	5%
Techno	5%	靜悄悄	5%

P.S. 為尊重圈內會員權利，本店只對正式會員公開、閒人免進、若不好玩可憑本店會員卡退回NT$2,100

THE LOCOMOTION

- 國內第一家同性戀Pub公開招募會員
- 入會費NT$2,000（終身消費半價）
- 窮學生或社會人士可分期付款（兩期或四期）
- 入會費掛號郵寄台北郵政46-596號信箱 MARVIN UUHG收YVONNE MM收
- 這裡有書房、電影、精緻佳餚、COFFEE、吧枱及不受異性挑釁(性)的開放舞池！
- 歡迎同性戀會員入會！

BON 是 1990 年代頗具盛名的 T Bar。(台灣同志諮詢熱線協會提供)

下午夜過後的空間，在下半夜招待 T 婆燕鳳。酒吧開開關關，店名無須被消費者記憶，但 T 老闆的花名是永遠的認證標誌，「小李的店」、「珮君的店」，此類店名從 1990 年代開始，在都市女同性戀圈流傳久遠。

Lesbian Bar

小鬼簡介各家 T 吧，為她們這群迷途老羊指引夜空中點點星群。東區西區南區北區，北極星的酒調得不錯可是貴，春光有舞池卡拉 OK，獵戶都是一堆老 Uncle，感官特區一天到晚辦座談最無聊（……）
外星話聽得眾人打瞌睡，小鬼將她們驚醒。「我不分！」聽她的口氣好像也炫得很。

　　　　　　　——曹麗娟，〈關於她的白髮及其他〉，《童女之舞》，2012

1990 年代後，新的 T Bar 逐一開設，壽命或長或短，巧愛、七條町、TiPo、動感、石牆、Bon、Y2K、zoom、Lesnight 等，其中 Haven 從第一代，一路轉移開店到 Haven III。同時代，同志運動興起，許多

大專院校內的女同性戀開始成立社團、進入 NGO，不同於過往 T 婆文化養成的女同志認同＊，正逐步在少數文化與知識圈中被建立，尤其是引自西方的女性主義、酷兒研究等意識形態，在新一代知識分子女同志身上發生作用。lesbian、拉子（出自邱妙津《鱷魚手記》）、不分的身分認同者多於 T、婆身分，挾著菁英文化資產，新的身分彷彿成為（新）女同志對（舊）T 婆的切割。

在諸多女同性戀田野調查的研究報告中，經常可見大專院校女同志對 T Bar 文化的「不適」，從必須足夠陽剛的 T、美艷至極的婆，乃至於酒吧中 T 婆分明的界線、挪移自異性戀的酒店文化（賞大酒、公關等）、每周上演因 T Bar 名媛爭風吃醋的拳腳相向等，都令大專院校女同志頗有微詞。另一方面，學生消費型態及時段也不同於上班族女同性戀。由此，誕生了新型態的 T Bar，提供年輕大專院校的女同志消費者另一種休憩放鬆的交誼場合，再透過校園 BBS、電子報、獨立女同志雜誌等宣傳，廣受歡迎。

此類新型態的 T Bar，包括 Dancing Pub，空間區分為舞池、吧檯座椅、包廂，放有震耳欲聾的音樂，提供客人跳舞、獨坐吧檯，或與朋友在包廂

新型態的 T Bar，空間有舞池、吧檯、與震耳欲聾音樂供客人跳舞同樂。（Sharon 提供）

中同樂，不存在傳統 T Bar 中負責招待客人、炒熱氣氛、拉攏熟客的公關，取代為服務生與調酒的公關。其中最為著名的即是號稱第一間女同志 Dancing Bar 的 Esha，以及其後誕生營運迄今的 Taboo。

另一類則是 lounge bar 形式的 T Bar，同樣沒有坐檯的公關，以喝調酒、聽音樂為主，包括 Surprise、Chole Ali Villa、Jailhouse 搖滾看守所、Ms. Bean 等。亦有一些非典型的空間，如在拉子歷史中留名的 Locomotion 餐廳，另如 Bistr O、Dearbar、緹咖啡館、Les Around 女同拉子娛樂別墅等，都是新型態的女同志聚會空間。大量女同志酒吧營業地點，在經營模式、消費形式與消費者的多元擴增後，亦由早期的聚集經濟，逐漸散至各區，成為城市裡點狀的存在。

然而，在千禧年過後，隨著台灣經濟不振，加上網路發達，各種交友管道從 bbs、網站模式到 APP 等，2006 年之後，專屬女同志消費的實體據點欲振乏力、逐一消逝，原先一周七天營業的 T Bar 如 Taboo，慢慢縮減至一周三四天，短暫性的商業 PARTY 活動（如女人國）相繼出現，T Bar 的盛世終於不續存。

* 在此段落中，「女同志」一詞才出現，特以區別於「女同性戀者」的性向指稱，或 T、婆等過去既存的身分標誌。

參考資料：
1 鄭美里，《女兒圈：台灣女同志的性別、家庭與圈內生活》，1997，女書文化出版。
2 台大女同性戀文化研究社，《我們是女同性戀》，1995，碩人出版。
3 莊慧秋編，《揚起彩虹旗》，2002，心靈工坊文化出版。
4 張娟芬，《愛的自由式》，2011，時報文化出版。
5 紀大偉，《同志文學史──台灣的發明》，2017，聯經出版。
6 呂錦媛，《金錢與探戈：台灣女同志酒吧之研究》，台灣大學社會學研究所，2003。
7 陳逸婷，〈T 吧公關的工作經驗與性別踐履〉，高雄師範大學性別教育研究所，2011。
8 吳美枝，〈非都會區、勞工階級女同志的社群集結與差異認同──以宜蘭一個「Chi- 迌 T」女同志社群為例〉，臺灣師範大學地理學系，2004。
9 簡家欣，〈九○年代台灣女同志的認同建構與運動集結：在刊物網路上形成的女同志新社群〉，《台灣社會研究季刊》no. 30，1998 年 6 月。

同志社區──公館

蔡雨辰

2000 年 7 月，由台灣同志諮詢熱線協會、晶晶書庫、搖滾看守所、柏德小路義式咖啡餐館、Corner's 酒吧共同出資發起，結合同志團體和相關商家，在台北公館推動「公館彩虹社區」計畫。串聯周邊對同志友好的店家，前後有 The Source、愛丁堡、女巫店、唐山書店、地下社會、挪威森林咖啡、葉子咖啡、人性空間、中西美食、黑森林德式美食、魚玄機手染服飾等共 38 個店家參與。參與店家在門口貼上「彩虹之友」貼紙，或懸掛彩虹旗，在店內放置定期印製出版的「彩虹社區地圖」，上面標示著對同志友善的店家，並列出當月同志活動訊息。「彩虹社區地圖」第

2000 年台灣同志諮詢熱線連同公館 38 個單位共同推出「彩虹社區地圖」，開啟台灣同志社群與社區首度對話。(喀飛、同舟：華文 LGBT 文史工作計劃 / 檔案館提供)

一期由主要發起單位合力出資，刊載社區裡的同志社群相關活動，針對同志朋友提供消費或其他各項生活面向的服務。這個計畫雖僅維持半年，但在「同志社區」意識的推動，以及「同志社群與社區對話」的意義上，開啟了新的可能。

「彩虹社區」的範圍位於大安區大學里中，大學里的社區領域為羅斯福路三段、新生南路三段、辛亥路一段的地帶。在眾多參與的店家中，尤以女書店、晶晶書庫、搖滾看守所在同志運動中特別具歷史意義。

女書店

台北市新生南路三段 56 巷 7 號 2 樓

1994 年，婦運組織婦女新知開始嘗試成立草根性的組織，書店也是新知躍躍欲試的場域。當時婦女新知以「書寫、出版、閱讀」進行女性視角的表達或分享，不少女性是雜誌訂戶，透過文字傳播受女性主義啟蒙。然而，新知的出版品一直苦無通路，因此，以婦女新知為主的一群夥伴計畫將出版品集中後，成立一家書店。於是，1994 年 4 月 17 日，華文地區第一家女性主義專業書店於新生南路巷子內的二樓成立，任務便是以文化為場域進行婦運意識的紮根與傳播。

相較於一般書店，女書店在選書上自有其特殊之處，尤其蒐羅了因製作成本低、印量小的地下刊物，或校園社團自行編印的小報，如《愛報》、《女朋友》、《同言無忌》、《島嶼邊緣》、台大女研社之《女聲》、《潘朵拉的盒子》、《誤解小辭典》等。在晶晶書庫成立前，女書店是當時台大書街第一個有系統地整理「同志研究」書籍的書店。於是同志出版品開始有了一個集散地。

1994 年 4 月 17 日，華文地區第一家女性主義專業書店—女書店於新生南路巷子內的二樓成立。（女書店提供）

1996 年，女書店成立出版部，開闢兩個書系：「女書」系列（fembooks）與「女抒」系列（herstory），前者以理論介紹議題討論為主，後者則為女性創作。至 2002 年，增加「性別教育」、「青春少女」、「同言同語」三個系列。前兩者的內容主要為反省性別刻板概念，而同志議題系列的擴大，亦顯示女書出版對同志社群的重視。

女書店與同志團體的關係向來緊密，特別是女同志社群。例如，在女同志團體「我們之間」還沒有辦公室前，女書店便是她們開會的場所，也經常免費出借場地給「我們之間」、「同志空間行動陣線」等同志團體辦活動。「我們之間」便在 1995 年 10 月舉辦「女同志情書愛與裝置展」、1997 年 6 月辦《女兒圈》讀書座談會、1997 年 8 月第二屆義工組訓等。可說是對早年的同志運動提供了實質的空間後盾。

另值得一提的是，女書店的留言本也記錄了在那個沒有社群網路的年代，同道中人彼此交流的痕跡。這些留言本是社群自發性地形成一個資訊交換的機制，並自成社群集結的聚點，在這個過程中表達自我、交換生活經驗，進一步地建構屬於自己的社群網絡，累積認同力量。當時，有許多社團招生、徵友、徵室友等資

女書店與同志團體的關係向來緊密，特別是女同志社群。女書店留言本記錄了在那個沒有社群網路的年代，同道中人彼此交流的痕跡。（女書店提供）

訊在此生產、流動，這對當時資訊僅仰賴特定的幾家酒吧、少數同志組織以及正在發展成形的 BBS 之外，是一種重要的資訊傳播管道。

歷經 23 年，女書店官網 2017 年 6 月 1 日公告，自 2017 年 7 月 1 日起結束書店門市，僅維持出版業務。

晶晶書庫

台北市羅斯福路三段 210 巷 8 弄 8 號

當年深受女書店精神感召的
賴正哲，在 1997 年發生警
方在台北市常德街惡意臨檢
同志，以及 1998 年永康街
餐廳驅逐同志等事件後，決
意創造一個同志可以安心交
流的空間。他特別遠赴美國
紐約、舊金山等地觀摩「A

1999 年 1 月 1 日，
台灣第一個同志書
店──晶晶書庫開
幕。（賴正哲提供）

Different Light」（不同的光書店，在紐約、舊金山、洛杉磯開設分
店）等等地標級書屋，並且於 1999 年 1 月，開了台灣第一間同志書
店──晶晶書庫。歷史的弔詭是，台灣出現同志書庫之後，原本被賴
正哲效法的「A Different Light」各家書店卻在美國新自由主義資本
主義的經濟壓力下關門。

首先，命名「晶晶」便有同志平權的意涵：六個「日」，一反過去同
志身處「黑暗」王國的印象，並代表彩虹的六道光。過去，同志的消

晶晶書庫開幕秀「慾望風景」（賴正哲提供）

費場所如酒
吧、三溫暖
等多半是隱
匿、黑暗，
主體隱匿的
空間，且常
遭臨檢或取
締，所以賴
正哲開店的
初衷便是希

望一個以同志為主體的書店空間，可以讓同志的活動聚會有一正當性的環境，讓同志活動不被侷限於夜晚，也能擁抱白天。而公館地區有校風開放的台大、對同志友善的誠品及唐山書店、女書店等，可以與同志活動作聯結，且達到書店彼此之間因鄰近而加成的效果。

此外，如同女書店對於同運的支持，晶晶書店也一直是同運的參與者。2000 年，參與策畫第一屆「台北同玩節」。亦是同志大遊行發起者之一，晶晶書庫自第一屆同志遊行開始至 2011 年賴正哲不再擔任店長，這段期間持續支持並參與台灣同志遊行聯盟的籌備。

此外，值得一書的是晶晶書庫案（釋字第六一七號）。2003 年 3 月，晶晶書庫從香港進口男性寫真雜誌，遭基隆關稅局查扣，函請基隆地檢署偵辦，8 月基隆刑事組檢警人員持搜索票進入晶晶書庫，查扣「猥褻刊物」，帶走 500 多本封套完整、貼有警告標語之男體寫真雜誌。

2004 年 6 月遭基隆地方法院檢察署以刑法 235 條「猥褻罪」提起公訴，2005 年 5 月基隆地方法院宣判，晶晶書庫負責人拘役 50 天，得易科罰金。晶晶繼續向高等法院上訴。12月晶晶妨害風化官司上訴案遭台灣高等法院駁回，全案定讞不得上訴，得易科罰金新台幣 45,000 元。2006 年 2 月 27 日，晶晶書庫與同志諮詢熱線、性別人權協會等組成「廢刑 235 行動聯盟」，並於 6 月 27 日聲請大法

晶晶書庫與同志諮詢熱線、性別人權協會等組成「廢刑 235 行動聯盟」，並於 6 月 27 日聲請大法官釋憲，推動廢除或修改刑法 235 條散布猥褻物品罪。（台灣性別人權協會提供）

官釋憲，推動廢除或修改刑法 235 條散布猥褻物品罪。10 月 26 日，大法官做出六一七號釋憲，未判定違憲，且對猥褻做出進一步的限縮解釋。

搖滾看守所

台北市羅斯福路三段 316 巷 8 弄 3 號之 12 樓

相較於晶晶書庫與女書店的藝文知性，在羅斯福路巷弄內的「搖滾看守所」則提供了同志們一個性質截然不同的熱鬧夜生活享樂空間。

經營搖滾看守所之前，老闆 Sharon 便經營過同志餐廳 Locomotion，幾乎每個周末都會舉辦活動，三年內辦了兩百多場演講，曾邀請朱天文談《荒人手記》、李元貞談「異性戀如何看同性戀」等，以及一系列的「同志性愛」座談，他希望打造一個屬於男女同志的開放空間。

1997 年，Locomotion 租約到期，剛好位於公館的「搖滾看守所」要出讓，sharon 便頂下來，將之打造成一家女同志酒吧，位於二樓的搖滾看守所有著三面半的落地窗，白漆木頭窗框，鐵皮招牌，內部裝潢走美式風格，提供了想純喝酒、聊天和聽音樂的女同志一個輕鬆自在的去處。

Sharon 對於客人就如同對待朋友一般，她希望來這裡的客人都有著回家的親切感覺，她認為經營同志消費空間最重要的便是能夠掌握同志們的個性與需求。

2011 年 10 月，搖滾看守所歇業，也意味著一個世代的交替。

在羅斯福路巷弄內的「搖滾看守所」提供了同志們一個性質截然不同的熱鬧夜生活享樂空間。圖為搖滾看守所接受《土狗 Togother》試刊號報導。

同志大會師：凱達格蘭大道

林佑軒

清治時期，凱達格蘭大道的前身叫做「台北府城東門街」，承接著景福門洞明世事的溫雅；日治時代，它名叫文武町，開展在新近落成的氣派總督府前；1949 到 1996 年，它名叫介壽路，行人盡皆垂首低眉，被政治的氣氛壓彎了腰；1996 年至今，它成為了凱達格蘭大道。這條 460 公尺的十線大道，如今已是總統府前各種社會運動的兵家必爭之地。無論是由上而下的國家儀典，抑或由下而上的社會運動，凱達格蘭大道承載了豐富的歷史、交疊的意義，因而動見觀瞻。

1987 年解嚴以後，台灣的公民運動蓬勃發展，凱達格蘭大道承載了不少性別運動的集體記憶；2000 年後，同志運動在凱道，首推亞洲最大規模的同志大遊行；近年來，宗教右翼的保守勢力領軍的反同運動亦不時在凱道踩場──可以預見的是，凱達格蘭大道，因其特殊的地理位置與歷史積澱，將持續是性別運動的一級戰區。

如果我們以它最近的一次改名──即從「介壽路」改為「凱達格蘭大道」──為凱道「空間戒嚴」與「空間解嚴」的分界，我們會驚訝地發現，其實，早在其「解嚴」前，性別的異端伏流就已在凱道左近湧動了。北，有同志情慾流動熾盛的二二八公園、承載著歷史傷痕的常德街，西，有五光十色的西門町。只有凱道，在戒嚴的年歲中、它還叫「介壽路」的日子裡，靜靜訴說一個高壓而無聲的故事。

90 年代的民主浪潮來了，台北市長陳水扁於 1995 年的光復節舉辦了舞會──就在介壽路上。當晚，黨國的水泥地被一雙又一雙的腳踩得震動起來。1996 年的婦女節，婦運團體更在介壽路上拋擲衛生棉，以當年驚天動地之姿，喊出她們的倡議，這是凱道與性別運動的初結緣。[1] 然後，就是同年的道路更名──從為威權領袖賀壽、與在地缺

乏連結的介壽路，更名為以世居於此、卻已漢化乃至消失的平埔族裔為名的凱達格蘭大道。如果以性別的角度詮釋，也許我們可以說，從頌讚男性領袖之男子氣概——以壽命的尺度衡量——的命名，更易為一母系社會的族群之名，這樣子的翻轉，早已預示了西元 2000 年後，凱達格蘭大道與性別運動千絲萬縷的纏綿。

凱達格蘭大道與台灣同志遊行

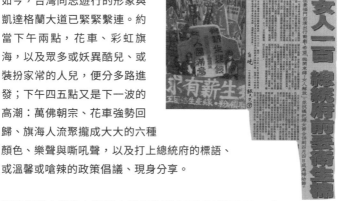

「女人一百」遊行，女性團體在總統府前拋擲衛生棉倡議權益。（《自立晚報》，1996 年 3 月 7 日）

如今，台灣同志遊行的形象與凱達格蘭大道已緊緊繫連。約當下午兩點，花車、彩虹旗海，以及眾多或妖異酷兒、或裝扮家常的人兒，便分多路進發；下午四五點又是下一波的高潮：萬佛朝宗、花車強勢回歸、旗海人流聚攏成大大的六種顏色、樂聲與嘶吼聲，以及打上總統府的標語、或溫馨或嗆辣的政策倡議、現身分享。

凱達格蘭大道與台灣同志遊行的歷史可以追溯到 2004 年的第二屆同志大遊行。當屆的主題為「喚起公民意識」，對內則期盼同志意識到自己身為台灣公民，可以參與社會，讓一切更好；對外，則期待增強台灣公民的性別意識。2004 年 11 月 6 日，人龍在中正紀

1　http://bbs.cs.nccu.edu.tw/gmore?Taipei&F0P907IK&6

念堂集合，經中山南路繞行景福門後，左轉凱達格蘭大道，再繞經二二八公園，最後抵達終點：紅樓劇場。[2] 這是台灣同志遊行與凱達格蘭大道的第一次邂逅。

凱達格蘭大道成為台灣同志遊行例常的起點與終點、集結地與聚會地，是從 2009 年開始的。當年，在「同志愛很大　Love out loud」的主題呼喊聲中，破紀錄的 25,000 人從凱達格蘭大道出發，最後回到凱達格蘭大道。

— 2010 年，台灣同志遊行主題為「投同志政策一票 Out and Vote」，以凱道為終始。參加人數突破三萬人。

— 2011 年，主題「彩虹征戰，歧視滾蛋 LGBT Fight back! Discrimi-nation get out!」，以凱道為終始。因應豐沛的參與人數，也為了展現彩虹力量，遊行從凱道出發後，依紅橙黃、綠藍紫，分為雙路線踩街。參加人數突破 50,000 人。

— 2012 年，主題「革命婚姻──婚姻平權，伴侶多元」。參加人數達 65,000 人，人龍綿延九公里。

....

2　台北同志遊行 http://twtongzhi.wikia.com/wiki/%E5%8F%B0%E7%81%A3%E5%90%8C%E5%BF%97%E9%81%8A%E8%A1%8C

— 2014 年，主題「擁抱性／別‧認同差異」。參加人數達 65,000 人。

— 2015 年，主題「年齡不設限 解放暗櫃 青春自主」。參加人數達 78,000 人。

— 2016 年，主題「一起 FUN 出來──打破『假友善』」。參加人數達 82,000 人。

— 2017 年，喜迎參與人數逐年遞增，空前開創「三路線」，行經西門町、台北車站、中華路、華山藝文特區、金山南路、古亭和平東路等重要同志空間，並於凱道進行最終的大會師。[3]

黃水晶一般的秋陽下，各路妖豔賤貨、英雌好悍、婆 T 雙跨、猴熊狼豬、直彎同異，佩戴著彩虹旗的飾物，從各大捷運站的出口湧現，一時激情豈比柔情少，香氛共伴妖氛飛。然後，揮著香汗，大家集合到各自的隊伍中，很好；單獨行走倡議，也很好。接著，出發了──前導的花車上，有老老少少非男非女猛男猛女的舞動、口號。向樓上的人們大喊！向呼喊著、比著讚的路人大喊！防曬乳讓手臂微微泛著白，群 T 搬著礦泉水高喊借過借過，友善的婆爭著與扮裝皇后合影，過馬路時掉了一腳高跟鞋，腿毛濃密的仙度瑞拉。

可以想見的，是未來，凱達格蘭大道上的台灣同志遊行，仍將在此地空間解嚴後的十年、二十年、三十年中，繼續挑戰大家的想像、推翻人民心中的性別小警總，成為最壯麗、最獨特的台灣性別文化地景。

....

[3] 台灣同志遊行聯盟 http://twpride.org/

凱達格蘭大道與性別運動的議題、反挫，以及持續角力

一年一度的台灣遊行之外，凱道與性別運動的關係，亦以一種議題的、機動的，甚至游擊的方式開展。

2011 年，為對抗教育部於中小學納入同志性平教育，以宗教右翼為骨幹的組織：真愛聯盟成立，是為反同保守勢力第一次化暗為明，亦是日後護家盟、下福盟、信望盟等反同組織的前身。當年的凱道遊行，「彩虹爭戰，歧視滾蛋」。同志們在凱道吹響的第一聲反抗的號角，為燃燒至今的進步與保守之爭，揭開了序幕。[4]

日後，隨著婚姻平權、多元成家等議題的升溫，保守勢力魚貫集結其人脈、金脈，高揚「傳統價值」，成為性別運動的新挑戰，而至 2013 年後達白熱化，凱道上不時上演兩軍對壘的陣勢。

是年九月，台灣伴侶權益推動聯盟（即，伴侶盟）以百萬人連署的熱度，將多元成家立法草案送入立院，並於是月七日於凱道舉辦「九七凱道造勢伴桌　多元性別要成家，府院立委別拖拉」活動，席開百桌，喜氣的大紅布於景福門前一路鋪開，歡慶著張燈結綵的心，並為未來的家庭、親屬、伴侶形式，提供了全新的想像。下一代幸福聯盟、台灣宗教團體愛護家庭大聯盟亦不甘示弱，於是年 11 月 30 日舉行「為下一代幸福讚出來 1130 全民上凱道」活動，動員 50,000 位婚姻平權的反對者，成功完成第一次實兵集結。

....

[4]　感謝同運社群領袖喀飛協助爬梳資訊。

2016 年 11 月 8 日，由尤美女立委提出的民法修正版同性婚姻法案完成一讀付委，導致保守團體的強烈不滿，於是月 17 日於委員會引爆肢體衝突，並迫使法案進程停滯。凱道上，保守團體再一次操演兵馬，於 12 月 3 日舉辦反同婚大遊行，主打「停止審查，交付公投」。一週後，相同的場地，再度揮捲起了彩虹旗——同志們感於急轉直下、忽爾頓挫的情勢，一週內透過網路，自發性緊急動員，於凱道舉辦「「讓生命不再逝去，為婚姻平權站出來」音樂會，人數達到空前的 250,000 人。這是迄今凱道上的性別運動，最多人的一次。

從東門街、文武町、介壽路到凱道，從政軍戒嚴到空間解嚴，凱道在一代代台灣人民心中，既是政權的象徵，更是為政權帶來批判、挑戰的社會運動的象徵。舞會的聲光與踩踏，撼動了威權；婦運擲出的衛生棉，開啟了性別運動在凱道的先聲。2000 年後的同志遊行、各種性別議題的倡議，乃至前進與保守的角力與激盪，都向我們指出了：性別就是政治，在凱道上特別鮮明，將繼續閃閃惹人愛。

* 本文照片由台灣同志遊行聯盟提供

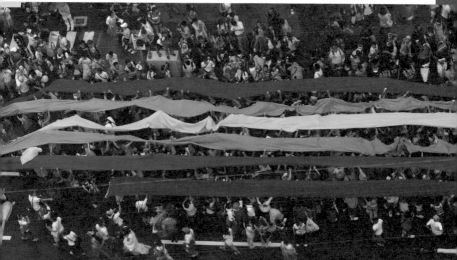

存在——媒體・集結

在文學裡看見（不同）同志

翟翱

同志如何與文學「發生關係」，乃至何謂同志文學，歷來已有許多學者為我們廓清。過往，我們多將九○年代視為同志文學的沸騰時期——由於解嚴後各式民主化運動與社會運動（尤其是女性主義）的激化，舊有黨國體制受到來自四方八方的挑戰，同志文學便是其中躍躍欲試的一分子；以同志為主題的小說開始登上文學獎殿堂——這個長期以來作為台灣文壇試金石的場域。

不同學者打磨同志文學定義

不過，在學者（諸如朱偉誠、紀大偉等）的建構之下，我們得以將視野拉至戰後 1960 年代，甚且在戰前覓得同志片羽。朱偉誠謂：「凡是從同志觀點覺得能發生意義的文本」，都應納入同志文學範疇；紀大偉在《同志文學史——台灣的發明》裡——強調讀者作為文學參與者的身分，以及「文學」再現「假、虛、無」的本事——為同志文學下了一個「感覺派的定義」：「讓『讀者』感受到同性戀的文學」。其要義更具延展。

紀大偉《同志文學史——台灣的發明》，書寫台灣同志史的發展脈絡。

但朱偉誠也提醒我們：同志文學如同台灣文學乃因應當下文化需求所誕生，是一種集體身分認同的打造。紀大偉則以「同志現代性」賦予同志文學能動性，認為其具有「逆境求生的追求生命，不斷和既定狀態挑釁、纏鬥、協商或是捉迷藏。」

所謂逆境，來自異性戀體制。此外，紀大偉也認為同志文學有公眾歷史的意義。在政治高壓年代，同志難以表態現身、口述己身歷史與族群記憶，同志文學於是成為歷史的代替品。

戰前與戰後的同志身影

循此路徑，我們看到楊千鶴〈花開時節〉暗藏的女女情愫——儘管這部創作於 1942 年的日文小說並未正面呈現女子一對一的戀情。小說敘述一批有著深厚情感的日治時期女學生，畢業後各自結婚；小說主人翁則質疑男女結婚的必要。這部小說不但帶給讀者「宛如女同志」的氛圍，也讓我們看見戰前作家對「既定狀態」（男女配婚）的反思。〈花開時節〉校園加女女的同志文學元素，在戰後則有來自郭良蕙《早熟》、朱天心《擊壤歌》、〈浪淘沙〉、李屏瑤《向光植物》的呼應。

戰後首先值得一提的，是聶華苓在《聯合報》上翻譯紀德《遣悲懷》，並撰寫〈紀德與遣悲懷〉一文探討同性戀。紀大偉分析其傳播，認為：這使「紀德」與「遣悲懷」這兩個文字符號對台灣讀者形成堪比影射同性戀的密碼。

1960 年，白先勇在《現代文學》發表〈月夢〉，是他最早的同志文學作品。小說寫老醫師在搶救垂死美少年之時，想起年輕時曾鍾愛的同學。隔年，白先勇創作〈青春〉，描寫老男畫家對少男裸體的耽美。這兩篇作品「以前所未有的慾望與心理的強度明白表達出同性情慾的細緻幽微」。而後〈寂寞的十七歲〉、〈滿天裡亮晶晶的星星〉更以新公園為背景，讓當時「同志的黑暗王國」為一般讀者所知。

60 年代的同志文學路徑並非單數的，而是複數的，也絕非僅有正面（價值上的「正面」與呈現方式上的「正面」示人）。姜貴的反共小說《重陽》（1961），就是「最好的例子」。《重陽》描寫國民黨和共產黨

青年間意識形態與曖昧情愫，書名既點出男男戀題旨，也暗喻國共之間的愛恨糾葛，以同志戀情點染兩位男主角的道德之惡，藉以妖魔化共產黨。1963 年，郭良蕙出版《青草青青》，描寫初中少男的青春成長，帶有淡淡的男男情愫。1968 年，林懷民第一本短篇小說集《變形虹》出版，其中〈安德烈・紀德的冬天〉描寫男同志自我認同的挫敗，甚是深刻。隔年，他出版中短篇小說集《蟬》，同名中篇也有同志身影。

此外，與白先勇同為《現代文學》健將的歐陽子，於 1971 年出版短篇小說集《秋葉》，其中〈最後一節課〉、〈近黃昏時〉、〈素珍表姊〉三篇蘊藏的同性情慾也陸續為評論者指認。

1970 年，李昂於《文學季刊》發表〈有曲線的娃娃〉，以乳房呈現「以母親為原型的女同性慾望」；1975 年，發表〈莫春〉，則直接描寫女同志情節，可說是書寫女同志的先驅。

1960 年代在過往文學史上多被蓋棺為「現代主義時期」，藉由上述作品，我們可以看到：現代主義文學如何與同志交會；同志文學的多線性發展；各式非正面顯現同志的文本。至於是同志的「鬱結心事」及「糾葛慾望」使現代主義作家在心理描寫時得以大書特書，還是反之，則值得讀者細細品味。此外，紀大偉在《同志文學史》中強調在 1950 年代冷戰體制下，報章媒體以炒作同性戀汙名為樂，促成「讀同性戀的讀者公眾」，推波助瀾後續同志文學發展。

書寫同志同時記錄時代

1970 年代，台灣經濟起飛，促成了通俗文學市場，若干偏向通俗的長篇小說也以同志為主角，包括光泰《逃避婚姻的人》、玄小佛《圓之外》、郭良蕙《兩種以外的》。這些作品都是早於《孽子》的長篇同

志小說，得以挑戰舊有文學史獨尊《孽子》的態勢，也反映了因都會化而逐漸形成的同志次文化。

紀大偉以為這些作品或出於某種神祕的召喚，肩負起「向讀者介紹同性戀生態」的使命，包括美國文化對台灣的浸潤，以及此時期女女戀中可見「非主流、非婚、中產女性的瀟灑不羈」。

此外，還有符兆祥短篇小說集《夜快車》收錄的〈新南陽拆了〉，叢甦《想飛》收錄的同名短篇，前者寫到了當時的同志地景——新南陽戲院，後者呈現「來來來，到台大，去去去，去美國」背景下，男子到美國後「接觸」同性戀而破滅的美國夢。

1983 年，白先勇《孽子》出版，該書作為 80 年代同志文學經典，寫一群 1960 年代在新公園晃蕩的年輕男同志，既「出賣身體」也尋求真愛，以及他們受到原生家庭排斥的悲苦。《孽子》除了讓新公園這個同志地景出現在公眾視野，廣為人知外，其中主角離開原生家庭，或在外組成非典型家庭，在在呈顯同志與既有狀態——父權家庭的對抗與協商。

1984 年，馬森長篇小說《夜遊》則敘述一位到加拿大留學的台灣女子，出走婚姻後——也是對既定狀態的再議——的見聞，其中有男女同性戀、雙性戀等描寫。

白先勇《孽子》傳讀幾個世代，也改編為影視作品，已成同志文學經典。

1986 年，顧肇森短篇小說集《貓臉的歲月》中的〈張偉〉描寫壓抑的台灣男同志赴美後，與同性交往又分手；其中鋪陳唯美的同志情慾啟蒙，在當時同志圈內口耳相傳。同年，陳若曦出版《紙婚》，描寫中國女子在美國為了得到綠卡，而與白人男同志假結婚；女主角以恐懼、獵奇的視野看待同志，並提及愛滋危機初期的社會反應。

除了小說外，1982 年的《席德進書簡》收錄畫家席德進寫給新竹鄉下純樸少年莊佳村（也就是他著名畫作「紅衣少年」的模特兒）的書簡，記錄了這位畫家對同性的愛慾。

同志依違於主流文學

1990 年代，普遍被視為同志文學的豐饒階段。1990 年，凌煙長篇小說《失聲畫眉》獲自立報系百萬小說獎；描寫歌仔戲班的沒落，其中多組女性角色迴避一男一女相配的主流家庭，而另組看似戲仿主流的另類家庭。

邱妙津《鱷魚手記》讓「拉子」成為女同志的代稱。

1991 年，曹麗娟〈童女之舞〉獲聯合報短篇小說獎首獎，描寫一對青春正盛的女孩對友情與愛情的探索；後於 1998 年出版小說集《童女之舞》，收錄〈童女之舞〉、〈關於她的白髮及其他〉、〈斷裂〉、〈在父名之下〉等四篇女男同志小說。

此一時期，我們更迎來了兩部最重要的同志小說。首先，是 1994 年朱天心《荒人手記》獲得中國時報百萬小說獎首獎。該書以中年男同志回望過往為主軸，渲染世紀末氛圍與愛滋想像，被視為《孽子》後台灣最重要的男同志小說。同年，邱妙津《鱷魚手記》出版，以「拉子」

的女同性戀愛為主線，穿插「鱷魚」這個卡通般物種「被大眾看見」的歷程；兩者互為隱喻，呈現大眾對獵奇窺探。「拉子」、「鱷魚」二詞自此通行台灣內外的女同志社群。

同年，《島嶼邊緣》雜誌製作同志專題，第十期「酷兒專輯」將「Queer」譯為「酷兒」，開啟台灣的酷兒論述，酷兒文學一時自邊緣浮現，諸如紀大偉《感官世界》、洪凌《肢解異獸》，或以科幻之姿，或挾後現代之鋒，無不挑戰主流框架。此外，還有陳雪的《惡女書》，以第一人稱告白體直寫女同性戀的情慾掙扎。其後，陳雪陸續發表《蝴蝶》、《陳春天》、《惡魔的女兒》等作，成為當代台灣女同志文學最重要作家。

此外，林俊頴也在 1990 年出版第一本短篇小說集《大暑》，後來的作品如《夏夜微笑》、《焚燒創世紀》均處理同志題材。吳繼文在 1996 年出版《世紀末少年愛讀本》──改寫自清末男色小說《品花寶鑑》，並於 1998 年出版時空橫跨美日台三地的長篇小說《天河撩亂》，透過一步步揭發家族秘辛，呈現歷史洪流裡的男同志與跨性者情慾。

此時期同時是愛滋在台灣文學正式登場的時候。紀大偉在《同志文學史》裡提醒我們：愛滋對同志文化與論述的影響不可忽視，並在「同志文學史上扮演了關鍵角色」，諸如遭遇愛滋後的同志文學，情慾空間何以受到壓縮；同志何以擺脫疾病汙名；其後的同志運動如何影響文學等。

《島嶼邊緣》雜誌製作同志專題，第十期「酷兒專輯」將「Queer」譯為「酷兒」，開啟台灣的酷兒論述。

以液態之姿滲透更多領域

2000 年後，90 年代的大鳴大放的同志文學看似趨於沉寂，不過也可能是流散到其他領域。紀大偉以「液體現代性」概括此時期之後，同志與文學的關聯，前者不再囿於「固體的」紙本印刷，反而液化成千幻百變，諸如網路或其他同志運動等舞台。也就是說「文學」可能不再擔當「同志」現代性。

不過，文學領域諸如詩或散文，都有更多被同志滲透的可能，例如台灣當代同志詩人的先鋒陳克華，詩風大膽葷腥不忌，2006 年於「聯副」發表〈我的出櫃日〉，公開同志身份。王盛弘散文集《一隻男人》（2001）書寫諸多同志熟悉的地景和次文化；以網路平台發跡的鯨向海在詩集中不時可見同志情慾，亦曾撰文探討所謂「同志詩」；已出櫃的蔡康永以《那些男孩教我的事》（2004）道出多段的男性情誼。而長年以影像記錄同志的記錄片導演陳俊志，將自身家族故事寫就《臺北爸爸，紐約媽媽》（2011），在書寫與造像中，洗滌家族憂傷。

小說方面，書寫男同志者多兼有其他議題，例如振鴻長篇小說《肉身寒單》（2004）以台東炸寒單爺的民俗活動為主軸，追索同志身分與家族身世。墾丁男孩短篇小說集《男灣》（2005），則記錄世紀末前後曇花一現的轟趴與搖頭文化。徐譽誠短篇小說集《紫花》（2008）亦處理同志／娛樂性藥物題材。夏慕聰小說《軍犬》則涉及愉虐戀（BDSM），是第一部由華人創作的愉虐戀小說。

2001 年，張亦絢《壞掉時候》書寫糾結混雜的女同志情感，《最好的時光》則回顧 90 年代的青春歲月，探究女同志與女性主義政治的互動，2011 年有《愛的不久時：南特／巴黎回憶錄》，講述台灣女同志與法國異性戀男子的「非典型戀愛」，2015 年更藉由「女同性戀」小說《永別書：在我不在的時代》探問國族與女同志的難解習題。

2010 年後，又有若干年輕作者藉由文學敢曝（Camp），妖豔其異，帶有強烈的性別政治色彩，諸如羅毓嘉詩集《嬰兒宇宙》（2010），林佑軒於 2010 年獲聯合報文學獎小說大獎短篇小說的〈女兒命〉，乃至〈Funky〉（2012）等（後收錄於小說集《崩麗絲味》）。

隨著同志家庭在法律上組成漸成可能，我們在文學中也逐漸看到書寫長期同志伴侶境遇，例如李桐豪〈養狗指南〉（2013），瞿欣怡《說好一起老》（2015）。此外，郭強生小說集《夜行之子》（2010）、《惑鄉之人》（2012）與《斷代》（2015），均以男同志為主角；其散文集《何不認真來悲傷》（2015）、《我將前往的遠方》（2017），書寫自身中年男同志與原生家庭的互動與長照議題。

同志在文學，從側面顯影、曖昧現身，到正面直書同志情慾，乃至藉由同志的邊緣性挑戰主流，或與同志運動相輔相成互為羽翼。藉由回望這些作品，我們得以發現：同志既浮現於文學，也可能為文學所「變形」。隨著同志運動／政治進入新階段，文學裡的同志將何去何從，值得我們藉由歷史縱深來檢視。

同志詩集主題環繞身體欲望、愛情和生命。左起陳克華《乳頭上的天使：陳克華情色詩選，1979-2013》、羅毓嘉《嬰兒宇宙》、鯨夏《瀕危動物》、鯨向海《A夢》、葉青《雨水直接打進眼睛》。

同志作夥來「做運動」辦雜誌

蔡雨辰

解嚴後，80 年代以來積聚的社會能量升至高點，過去在島內曾受壓抑的族群和運動幾乎同時迸發，並開始打造各自的認同政治與發言空間。在性別議題方面，同性戀社團與校園學生社團在 90 年代初相繼成立，伴隨著社群建立與權利意識的萌發，當時的社團團體所出版的機關刊物與書籍既留下珍貴的紀錄，也呈現了當時「做運動」的型態。

2000 年前後，隨著同志運動、書寫漸趨轉型與平緩，諸多研究者也開始分析這波浪潮的意義及其影響。有趣的是，諸多研究者皆認為同志風潮的開始，其實是在主流文化場域中的文本現象，當時絕大部分同志研究與論述成果均發表於諸如《島嶼邊緣》、《騷動》、《婦女新知》、《聯合文學》等不為「國科會」（目前已經改制為行政院科技部）認定為學術期刊的民間刊物上，這也展示了早期同志研究與大眾媒體緊密相連的特色。由此，90 年代的同志運動成果也被定性為積極呈現同志文化，當時最重要的運動資源，則是同志社群能夠形構抵抗論述，並以此反擊被強行定義的知識能力，而當時留下的論述成果亦影響至今。

《婦女新知》與《騷動》

《婦女新知》月刊與《騷動》雖為婦運組織所出版的刊物，其內容卻包含了重要的同運史料──這一句話的「卻」字表示，婦運和同志本來是各自為政的，雙方琢磨很久之後才合作。《婦女新知》月刊自 1982 年創刊至 1995 年止皆維持月刊的形式，《騷動》脫胎自《婦女新知》月刊，共發行五期。第一個女同志團體「我們之間」的初亮相亦是於 1990 年七月的第 98 期刊物中，可見早年婦運與女同志社群間千絲萬縷的關係。1990 年代中期，婦運

團體中異性戀女性主義者與同性戀女性主義者之間的緊張關係逐漸浮現（如剛才所說，婦運和同志本來是各自為政的，甚至互相衝突的）。1995 年，《婦女新知》雜誌發表了「內爆女性主義」系列文章，首次披露女性主義社群中的恐同傾向與異性戀霸權。此次論戰極為重要，顯示了婦運內部的個體差異，具有不同的意識形態與政治取向，也呈現出運動者們如何思考女同志對整個婦運的意義，以及運動資源之分配擺放。

在此爭論之後，1996 年 6 月，《騷動》發刊。《騷動》雖僅出刊五期，其內容卻濃縮了整個 90 年代重要的婦運議題（及其內部爭論），包含：新男人論述、婦運是否該介入國族打造、同志的「現身」問題、反色情運動與性解放論述、婦運內部的階級差異等。可惜的是，《騷動》發刊五期後，便因婦女新知內部的人事問題（亦即如今所指稱的「新知家變」）而告終，發行重心也再度回歸《婦女新知（通訊）》。雖然僅曇花一現，《騷動》卻留下了回顧婦運與同運歷史時不可忽略的資料。

女同志的第一份刊物《愛報》

而清楚標榜女同志的第一份刊物則為《愛報》，創刊於 1993 年 12 月，至 1995 年 3 月發行第四期後停刊。主要成員約六人，創始者珠珠和果東相識於台大教授張小虹的課堂上。初代編輯古明君曾於〈我的同志運動史前史〉（《揚起彩虹旗》，2002）一文中回憶，「初始動機簡單，就是有話想說。」出刊後便於女書店及唐山書店寄售。刊物全名為「愛福好自在報」，為愛福好（壯陽藥）與好自在（衛生棉）的混搭，戲謔而幽默。四期《愛報》雖輕薄短小，密度卻高，以探索女同志社群文化、引介女同志理論為主軸，製作過同志國、同志家庭、女同志與心理輔導體系等專題。整理同志歷史與新聞，並刊登女同志文學創作作品或心情紀事。文字風格嘻笑怒罵、亦莊亦諧。

《島嶼邊緣》形塑「酷兒」

值得一提的是，《愛報》第一期曾與《島嶼邊緣》第九期「女人國·家認同」合作出刊。《島嶼邊緣》創刊於 1991 年，共發行 14 期，被視為泛左翼軸線文化評論的集結，主要參與成員為王浩威、陳光興、吳永毅等人。其編輯特色即為無固定主編，也讓這份以專題為重的刊物，在各期呈現上各有風采（及爭議）。其中，與性別文化直接相關的便是第九期由王蘋與丁乃非主編的「女人國·家認同」（1993）和紀大偉、但唐謨與洪凌主編的「酷兒」（1994）。在「酷兒」一期中，適逢編者洪凌翻譯的《竊賊日記》與紀大偉翻譯的《蜘蛛女之吻》出版，專輯便收錄了兩本小說摘錄及譯序，其後編錄一篇〈小小酷兒百科〉，編列四十九條相關詞彙，並搭配男體照片，詳盡形塑「酷兒」的樣貌與姿態。

我們之間的《女朋友》

第二份屬於女同志的刊物則為《女朋友》，刊名亦清楚指涉其屬性。「我們之間」是台灣第一個女同志團體，成立於 1990 年 2 月 23 日，成員含括各階層與年齡層，曾加入的會員超過 4000 人。《女朋友》為旗下出版的雙月刊雜誌，1994 年 10 月 5 日創刊，共發行 35 期，至 2003 年 4 月停刊。

參與刊物編務的義工來自社會各個階層，因為輪值執編的制度，每位成員皆有機會在刊物中執行自己關心的題目，在這個場域中分工協作、努力打造出一本集體的刊物。如此工作模式反映在《女朋友》的內容便是其鮮明的草根性，整體內容約可區分為三個部分。一是記錄拉子生命狀態與生活樣貌，《女朋友》的專題處理方式多是以座談紀錄或採訪的形式，邀集與主題相關的人物直接對談發聲，不再另行編輯詮釋。二是藉由較具新聞時事性的報導描述當時的同志生態與處境。三是在雜誌上開闢交流與互動的空間，即是廣受讀者歡迎的徵友欄位。

《女朋友》除了有其史料上的意義，在當時，這份刊物也成為一種「辨識的記號」，成為女同志間互助、互動的重要信物。《女朋友》顯然是「我們之間」集結成員的重要管道，在生產面，它能藉由刊物的編纂及出版過程，凝聚義工間的共識與向心力；在消費面，許多讀者購買此刊物的動力不僅在於其中的交友空間，更是尋找認同與我群的過程。《女朋友》以自我再現開闢一片公共空間，進行自我定義，意圖挑戰主流媒體上對於女同性戀的僵化想像與成見。

為同運留下重要報導的《破報》

1995 年，《破報》由《台灣立報》副刊獨立出來，9 月發行創刊號。主要發行於大台北地區的《破報》雖非以同志文化為主軸，但卻留下極多重要的相關報導與人物專訪。諸如：同志藝術節、台大黑函事件、雙性戀認同、陳俊志與《美麗少年》、女書店、跨性別、女同志網路人口普查報告、同志婚姻、同志大遊行、周美玲等。為台灣同志運動及文化留下不少重要的一手報導。

記錄當年運動現場的《同言無忌》

1996 年 1 月，著重男同志文化的《同言無忌》創刊，由同志工作坊出版。同志工作坊為台灣第一個運動色彩明顯的同志社團，曾發行《同志小報》與《反歧視之約》。1995 年 3 月，「同志工作坊」即串聯學校同志社團、BBS 上的 MOTSS 版、「愛福好自在報」、「新文明互助團體」等同性戀團體，以及婦女新知基金會等，70、80 人上街遊行，抗議時任台大公衛所教授涂醒哲在衛生署委託的《同性戀者流行病學研究報告》裡，以幾近「學術強暴」的方式，以回收比例極低的 2.61%、毫無代表性的問卷調查，製造刻板印象、醜化同性戀，造成同志＝愛滋

同月：華文 LGBT 文史工作計畫／檔案館提供

的污名。《同言無忌》記錄了當時的運動現場、文化評析及相關新聞整理，其專題內容亦豐富多元，且具生活實用性，如：「直同志」、「當兵」、「gay men & sports」、「同志與時尚」等。

消費、生活、資訊並存的《G&L 熱愛雜誌》

宋子莉提供

同年 6 月創刊的《G&L 熱愛雜誌》為第一本商業發行的華文同志雜誌。當時，台大 Gay Chat 創社社長韓家瑜找來文藝界的小說家、資深編輯安克強、攝影界的楊立德組成工作班底，籌足經費後，雜誌誕生，命名《G&L》，代表 Gay 與 Lesbian。

同志文化蓄積至此，《熱愛雜誌》得以開展為著重於生活、資訊與消費的商業刊物，讓同性戀的生活方式得以想像模塑。其創刊記者會上，李昂、伊能靜、蔡康永、蔡詩萍等知名人士均與會祝賀，使雜誌一開始即吸引媒體注意，由於曝光率高，知名度與銷售量維持穩定，並曾有高達兩萬六千本的印量，「熱愛雜誌社」後來更擴大為「熱愛出版」，出版更多同志出版品。2000 年 12 月第 28 期是《G & L》告別紀念專刊，接著雜誌轉型改版為《熱愛雜誌》，是一本純粹針對男同志的刊物。

從紙本到電子報的《同位素》

畢恆達提供

顯然，這些刊物的基地以台北為主，因此值得注意的是 1997 年 10 月於東台灣創刊的《同位素》。《同位素》創辦人為林益成，初始為紙本月刊，試圖跳脫都會觀點、考慮異性戀市場，但由於位處台東，資源缺乏，很快面臨資金不足的問題，有形的月刊便在現實環境下宣布停刊，但轉而朝網路發展，改版為「同位素電子報」，成為台灣第一份同志電子刊物，電子報延續平面刊物時期邊陲之聲的特性，大量報導被都會同志主流忽略的邊陲同志生命。訂戶曾高達三萬多名。電子報

透過網路吸納來自各地的「在地網路作家」，敘說老兵同志、失業同志、原住民同志口述歷史的專欄等。

性／別研究室《性／別教育通訊》

在校園方面，1997 年，中央大學性／別研究室出版《性／別教育通訊》，直接處理同志議題，提供中小學教師自修性別教育之參考。其於發刊詞中強調：「《性／別教育通訊》屬於所有對性別教育有投入的老師，我們熱切的邀請各位第一線的老師提供具體的性別難題和事件經驗，共同合作來尋找不同於傳統威權管理方式的處理角度，推動嶄新的、以學生為主體的性／別教育。」另於 1999 年，性／別研究室為桃園縣中小學生設計青少年兩性漫畫讀物——《青春之性別快報》，其內容之直接坦率卻遭當時縣議會質疑。中央大學性／別研究室於 1995 年成立，不但對於提升性／別研究領域內的尖端學術探討不遺餘力，也努力耕耘中小學性別教育。

女同志生活風格雜誌《LEZS》

2000 年後，紙本同志刊物的發行漸趨停滯，發行時間最長的《女朋友》2003 年 4 月停刊。2011 年，由同志名人王安頤旗下的頤創藝創刊出版《LEZS》，如同當年的《G&L 熱愛雜誌》，《LEZS》是一本女同志生活風格雜誌，內容包含女同志相關的生活資訊、「中性」議題、服裝潮流。從免費閱讀的網路電子版開始，跨足到實體的紙本雜誌，每一期的《LEZS》都邀請明星藝人接受專訪，表達對於同志平權的支持，至今仍穩定發行出刊。

出版發聲為同志

張瑜

1990 年代以降，台灣的同志運動由第一個女同志團體「我們之間」揭開序幕，「我們之間」出版了《女朋友》雙月刊，深入探討女同志議題。自始，同志出版人企圖以出版事業做為投身同運的起步，從 1996 年、2000 年、2004 年到 2008 年分別有「開心陽光」、「集合」、「北極之光」、「基本書坊」，四個重要的同志出版社成立，本文分別介紹四家重要同志出版社發軔緣起、各社代表作品及目前發展。

在「開心陽光」舉起專為同志服務出版品大旗之前，已有作家陳銘磻經營的綜合型導向號角出版社、出版女性主義相關書籍的女書文化與出版同志刊物《G&L 熱愛》雜誌的熱愛出版事業公司，推出同志議題書籍《危險男人香》（陳銘磻著，號角出版）、《我的黑夜比白天長》（光泰著，號角出版）、《去公司上班──新公園男同志的情慾空間》（賴正哲著，女書文化）、《第三者：世紀末同志愛情眾生相》（安克強著，熱愛出版）等，此前三家出版單位雖未以同志出版書籍為主要賣點，但在同志書籍未能普及前，已為 同運出版領域擔任了重要推動者。

開心陽光出版公司

1996 年 12 月，台灣第一家以同志做為特定服務對象的出版公司「開心陽光」出版公司，由出版人楊宗潤創立。楊宗潤在《揚起彩虹旗》一書自述，1994 年歷經同志大本營舊金山之旅，體會到所謂的同性戀城市是以自在融洽的社會氛圍讓同性戀與異性戀都能在城市裡自由生活，啟發他開出版社投身同運的念頭。

根據「開心陽光」首部出版品《眾裡尋他──開心陽光當代華文同志小說選 1》的出版緣起所述，有鑑於台灣當年國內的出版領域缺乏同志

開心陽光是第一家專以同志為主題的出版社。

相關出版品,對於有心經由書籍尋求慰藉與自我成長的同性戀而言是為文化沙漠,因此推動同志身分、同志經驗與同志心聲的書籍面世,期許為同志留下歷史見證。

開心陽光出版社書系包括「同志愛情系列」,以文學、運動論述、成長認同為主題;「硬糖果俱樂部」書系出版男同志情色小說;「開心果」書系則以同志旅遊指南、輕型閱讀為方向。重要代表作包括同志小說選集《眾裡尋他》、《難得有情》、研究論述《看見同性戀》、《台灣男同志平權運動史》、男同志旅遊指南書籍《台灣G點100全都錄(上)、(下)》與譯作《破水而出》、《我心深處》、《當代同性戀歷史》(共三冊)、《同志童話》等。

其中,作家許佑生以筆名亞瑟潘撰寫的多部情色小說,創華人男色小說書寫先河,膾炙人口,作家邵祺邁說,開心陽光的出版品是許多同志的精神食糧,更讓他從中得到知識與力量,有勇氣為同運持續奮鬥。開心陽光出版社在2001年2月後停止出書。

集合出版社

2000 年 5 月，台灣第一家女同志出版社「集合」，由林寒玉創立。林寒玉戮力推廣以文字力量對抗同志的不平等待遇，出版社的成立目標是出版100 本女同性戀正面意義的作品來支持同運。社長兼一人員工的林寒玉長年積極投入同志運動，除了訂立出版目標外，也捐書給各級單位圖書館、在宜蘭社區大學開設同志文學課程，努力推動同志教育。

集合出版社以關懷女同志相關議題的書系「好好小說」為大宗，出版女同志各個面向的文學小說，促使女同志形象更加完整；「女同志生活文選」與「好好短句」書系，則各分別出版女同志出櫃口述歷史與同志愛的語句作品。成立至今 17 年的集合出版社已獨立出版 79 部作品，目標是百部女同志著作，集合出版社同時創下與六十多位多元性向作家合作的記錄，致力替同志發聲。重要代表作包括《愛 T 的兩萬種方法》、《死不了的拉子》、《暗示》、《墮天使》、《孔夫子的拉子學生》等。林寒玉受訪時曾表示，百部女同志著作達標後，集合出版社將結束營業，以其他形式繼續支持同志平權運動。

集合出版社以關懷女同志相關議題的書系「好好小說」為大宗，出版女同志各個面向的文學小說。

北極之光出版社

2004 年 5 月，作家張漠藍和伴侶 Chloe 一同成立的北極之光出版社，以出版女同志小說為出版社目標。曾在集合出版社出版兩部作品的張漠藍，以小說《手指》為其成名暢銷代表作，後陸續有《雨》、《激浪》和《月溪》等著作在女同志圈引起轟動，與 Chloe 一起致力呈現社會上多元而豐富的女同志小說。

北極之光的出版品眾多，以「夜幕低垂」書系出版女同志愛情小說為主，小說又以女性情慾探索為作品賣點，亦有探討同性情誼的「百合館」書系。重要代表作包括「夜幕低垂」書系，作家秋陽出版的女人香系列和武俠系列，《香汶》、《香薇》、《偷心》、《只想擁抱妳》等，作家安謹的《心鎖》、《朝露》、《落日》等。北極之光出版社持續出版女同志情慾小說，著作細膩描寫女同志生命成長、自我認同、情慾開發的過程，兼具文學和娛樂，為女同志發聲。

北極之光出版社出版
多部女性情欲開發、
自我成長的著作。

基本書坊

2008 年 4 月，作家邵祺邁成立男同志出版社「基本書坊」，以全方位滿足男同志閱讀和生活需求為出版企劃方向。邵祺邁早期曾在開心陽光出版社出版著作，後創立基本書坊，命名隱含廣東話「基」（Gay）、與書本「本」（Books）兩字意涵，出版品廣納各類書寫和議題，企圖創建一座充滿樂趣、百花盛放的「男書遊樂場」。

基本書坊的出版品書系含括六大面向，「指男針」書系出版工具性用書，以男同志旅遊指南、性研究、星座命理為主；「G+」書系出版當代男同志小說，希望從小說中引發感動與共鳴。「硬樂園」書系出版限制級情色小說；「好男風」書系以古今同志文學薈萃，收納散文、雜文、古典小說等題材；「男事繪」書系出版繪本、漫畫、寫真等影像創作作品；「彩虹館」書系出版性別論述、親子成長、伴侶諮商等議題，盼能成為同志在成長過程裡，引導生命多元發展的出版品。

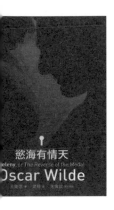

基木書坊出版品廣納各類書寫和
議題，企圖創建一座充滿樂趣、
百花盛放的「男書遊樂場」。

代表作家有徐嘉澤、亞瑟潘、夏慕聰、葉志偉（香港）、歐陽文風、
唐辛子（馬來西亞）、皮卡忠、台灣同志諮詢熱線、台灣同光長老教
會等。重要代表作包含《G 兵日記》三部曲（皮卡忠著）、《亞力山大》
三部曲、《軍犬》、《彩虹熟年巴士──12 位老年男同志的青春記憶》、
《窺》、《聽你剪裁星空》、《男性 P 點高潮》、「男 × 男自由行」男同
志旅遊指南系列等。

2017 年 9 月起，原本座落在台北古亭的基本書坊，因應社長邵祺邁對
在地文化深耕的重視，搬遷回家鄉台中潭子，基本書坊持續在同志與
性別教育、文化領域耕耘。

追索身分認同的繹演
談台灣同志劇場

蔡雨辰

若梳理台灣劇場史，我們能否從畫類區辨「同志劇場是什麼？」甚而
建構出一部「同志劇場史」？當紀大偉在《同志文學史：台灣的發明》
中分析「發明」與「現代性」為理解台灣同志文學的關鍵字，我們該
從何種向度分析繁複多樣的同志劇場？

謝肇禎於博士論文《台灣現代戲劇之同志劇本研究（1988-2010）》
試圖分析 15 個同志劇本，從政治衝撞、美學變革、古典新詮、性別
多樣、同志流放分類詮釋，認為「80 年代、90 年代現代戲劇的同志
劇作批判的色彩較濃厚，21 世紀之後，同志劇作注重生命個體，亦有
身分認同的追尋，以及扮裝、變性、跨性別的演繹。」這個簡單的概
分或許可作為一個試紙，檢視同志劇場中的多元變貌。

田啟元與臨界點劇象錄

1988 年，田啟元所編導的《毛屍》可謂在台灣劇場中，第一次以政
治化手法呈現同志議題，此作亦為「臨界點劇象錄」的創團作。

六位白衣演員（包含同運人士祁家威）辯論著孔子師生是否為同性
戀，指控儒家思想在教育體系中，如何被執政黨以各種理由作錯誤的
詮釋，以掩埋中國自古以來的同性戀歷史及事蹟。改編自民間傳說
《白蛇傳》的《白水》（1993）（有一次演出地點在第一屆台大同性戀
甦醒日 GLAD DAY 當天的台大活動中心門口）及延伸至女版的《水幽》
（1995），則分別以四名（陰柔）男子或（陽剛）女子扮演法海、許仙、
白蛇、青蛇，田啟元自陳此作「企圖一開始就把我們對婚姻和男女二
性的制式規範，由社會系統中給刨出來。」挪用《戀人絮語》改作的

《瑪莉瑪蓮》(1995)，讓--名裸露胸部的女演員跟另一名 SM 女王打扮的女演員互相玩弄身體意義與語言意義，可視為探索女女情慾曖昧流轉之作。田啟元離世於 1996 年，其後「臨界點劇象錄」持續推出《繁花聖子》、《那一年冬天很歐洲》、《藍色調》，對於同志的生命情境亦有描摹深刻，其中，《繁花聖子》以田啟元做為藍本，勾勒一個罹患愛滋的男同志，擺盪於社會現實與自我理想的種種生命狀況。

從 1988 年在大稻埕民樂街 68 號創立「臨界點劇象錄」到 1996 年病逝，八年間，田啟元創作了 33 個劇本。臨界點劇象錄由田啟元 (1964-1996) 與詹慧玲、林泰助共同組成。劇團初期由一群對戲劇充滿熱情的跨校學生組成，漸漸被譽為極前衛、風格化的小劇場代表性團體。1980 年代，解嚴前後，在導演田啟元的帶領下，臨界點的劇作內容深具社會批判性，尖銳地反映階層問題及受壓迫者的困境。劇作多指向社會議題，包括同志、愛滋與雛妓議題等。田啟元逝世後，臨界點轉型為「生活劇場」，以誠實的態度、深刻的自我反省進行創作。

戲班子劇團與同黨劇團

1990 年代，邱安忱在戲班子劇團推出《新天堂公園》（新樂園藝術空間演出）、《六彩蕾絲鞭》（堯樂茶酒館演出）、《蜘蛛女之吻》（耕莘實驗劇場演出）、《愛情滋味》（藝術教育館演出），以劇場紀錄個別的同志生命。2000 年，邱安忱再創立同黨劇

90 年代，戲班子劇團邱安忱以台北新公園的同志故事為背景，推出《新天堂公園》。
（同黨劇團、同舟：華文 lgbt 文史工作計劃／檔案館提供）

團，至今已推出十多齣同志題材之劇作，如 2002 年的《世世代代》（國家戲劇院實驗劇場演出），以倒敘手法陳述 Funky 老闆賴二哥的故事，回顧台灣近四十年來的男同志文化。2004 年的《家書》則以母親與同性戀兒子的對話，探觸同志與原生家庭的親密張力。2015 年，重新於兩廳院搬演《白水》，以田啟元的劇本為軸心，透過全女演員的演出，不僅回顧其時代意義，亦試圖呈現當代「同志反同志」的自我認同議題。

紅綾金粉劇團

紅綾金粉劇團成立於 1994 年，最初是由建中話劇社的校友們發起，有三個重要的靈魂人物，負責編導的吳大綱、擔任製作人的劉敬弘、負責設計製作所有演員服裝的賴蔚炅。初始核心團員涵蓋劇場及設計界的夥伴，以及來自台大、國藝院、師院、華岡、銘傳、實踐、交大等校學生共同組成，成員多元。從 1995 年第一齣劇作《維納斯的誕生》在台大視聽小劇場（這是當年在台大校內最高級的劇場）演出，直到 1998 年，紅綾金粉一直維持著一年一至兩齣劇作的演出，並在 1998 年達到高峰，半年中首演了《愛在星光燦爛》及《都是娘娘腔惹的禍》，皆於耕莘實驗劇場演出。然而，《愛在星光燦爛》加演後，因多數團員畢業、兵役、進修或工作等問題，暫時停止其創作及演出。直至 2010 年以《紅綾金粉之娘娘鎗末日大團結》，於西門紅樓劇場再次復出，探討愛滋病在台被發現 25 年來依然存在的種種問題。

紅綾金粉劇團從越界扮裝、追逐時尚的戀物情節到愛滋恐慌，探索多面向議題。
（《自由時報》，1996 年 10 月 4 日）

紅綾金粉藉由小劇場此一兼具美學與政治雙重效能的媒介，試圖擴大、探討社會議題的對話空間與表演空間。從越界扮裝、追逐時尚的戀物情節到愛滋恐慌，探索多面向議題，也持續在戲劇美學及開發議題上力求突破與平衡，思考更具啟發性的創作方向。

女節：魏瑛娟、徐堰鈴、簡莉穎

1996 年，許雅紅、傅裕惠、秦嘉嫄有感於女性劇場創作者缺乏應有的關注而群聚發聲，成立女節。至此，從 1996 至 2017 歷經六屆的女節為台灣同志劇場留下眾多經典作品。如魏瑛娟便於第一屆發表了《我們之間心心相印 —— 女朋友作品一號》、第三屆徐堰鈴《踏青去 Skin Touching》、第四屆杜思慧《不分》、以及第五屆簡莉穎《你變了於是我》。

自 1980 年代中期，魏瑛娟便開始創作與性別議題相關的作品，且經常以性別、政治兩者間相互援引、象徵，她於 1995 年創立「莎士比亞的妹妹們的劇團」，團名的性別意識便鮮明直截。

1996 年，《我們之間心心相印——女朋友作品一號》於女節首演，以遊戲式的非敘事風格描述女同性戀者面對愛情的快樂、痛苦與掙扎，三位戴著豔麗的紅、藍、綠色的假髮的女演員在舞台上張牙舞爪卻無聲的形象，幾乎成為早期女同志的象徵。2000 年，隨著「台灣文學劇場」系列，魏瑛娟推出《蒙馬特遺書——女朋友作品 2 號》（國家戲劇院實驗劇場演出），本劇幾乎承繼了原著的凝重，甚而，邱妙津之死讓這部作品完全超出了「一齣戲」的守備範圍。全戲一字不改地取用原著，六位女演員接連朗誦重新拆剪拼貼的小說片段，彷如集體告別式的現場，讓觀眾再次感染、溫習了邱妙津那重力加速度的下墜情緒。

魏瑛娟編導《蒙馬特遺書—女朋友作品 2 號》，追悼女同志作家邱妙津。
（莎士比亞的妹妹們的劇團提供）

《踏青去 Skin Touching》是徐堰鈴的第一部編導作品，此後便固定
為台灣劇場添入女同志身影。2006 年的《三姊妹 Sisters Trio》、
2007 年的《約會 A Date》到 2011 年的《Take Care》，直至 2016
年因拉子婚姻戲劇工作坊而生的《兩個女人想結婚》，每隔幾年她便
在舞台上搬演女同志的生活與愛恨，亦擅於轉化古典文本如《梁祝》
與《白蛇傳》，引用戲曲中的唱辭鑲嵌於劇本中，翻轉舊有符號的指
涉，填充以新意，創造文本的開放性，誠如她曾於訪談中解釋自己的

創作初衷：「我最確定的是逆轉的動力，例如叛逆、與眾不同，這是個很有力的動力和性質。比方說，我要用另一個觀點再談一次梁祝，在很多方面不按常理出牌。這世界對我來說是一個撞擊或融合的問題，什麼時候跟大家一樣、或不一樣，顛覆和挑戰才是真正的創作，這種創作性格其實很『同志』。」

簡莉穎直接處理性別題材的作品是 2012 年的《你變了於是我》、2014 年的《新社員》及 2016 年的《叛徒馬密可能的回憶錄》。《你變了於是我》是第五屆女節的作品，在精簡的製作規模與時程

《踏青去》是徐堰鈴第一部編導的作品，多年後不僅再次演出，更延伸了《踏青──蜿蜒的女同志足跡》，討論女同志面向的文學、劇場、電影、藝術、音樂等創作形式。

下，簡莉穎轉化了自身的情感經驗，將之置入這部小品。鴻鴻曾在劇評中將此戲稱之「女同劇場」。嚴格來說，這是一齣處理「跨」性別的戲，一個女人與一個欲變性的女人在一起，她能否接受「他」的身體。此劇以非常精準的生活語彙營造出在「性／別生活」不協調的兩人的情緒張力，也為台灣劇場中留下少數的跨性別身影。

簡莉穎與「再拒劇團」合作的《新社員》則是台灣第一齣名為「BL（Boys' Love）音樂劇」的作品，此作的源頭來自日本漫畫家中村明日美子的《卒業生》、《同級生》，目前因廣受觀眾喜愛已演出三次，分別於 2014 年在水源劇場，2015 年在新北市藝文中心，2016 年在衛武營藝術季。BL 作品根本上有別於同志作品，此文類在日本從九〇年代發展至今近三十年，簡莉穎把握了最基本的原則，在 BL 的世界

裡，認同或出櫃幾乎不是難題或焦點，也讓她得以專注處理「高中生談戀愛的細節、社團的兄弟情、Ｔ對於 gay 的單戀、腐女妄想⋯⋯」簡莉穎以一個另類的方式拒絕了傳統的同志敘事，糾結的認同、出櫃的苦難。

《叛徒馬密可能的回憶錄》是簡莉穎於兩廳院「藝術基地計畫」駐館一年的成果。藉由書寫同志、愛滋病歷史，聚焦於雞尾酒療法出現之後，當「病」不再只是死亡威脅、病患不只是文學悲劇的隱喻，回歸於「人」在病中之各式面貌。

舞台劇《你變了於是我》演出女同志瀕臨崩解與隨時修復的關係。
（第五屆女節，Liu Feddirick 攝影，簡莉穎提供）

少年金釵男孟母

周慧玲的《少年金釵男孟母》在 2009 年於台北城市舞台首演，改編自清朝李漁《無聲戲》之六〈男孟母教合三遷〉。本戲在性別圖像上充滿許多想像，藉由一個前同志歷史的清代文本，周慧玲徹底實踐了她對於性別與表演之間的信念——性別是人類文化最古老的表演技巧。此外，她更於戲中加入時隱時顯的白色恐怖氛圍，突顯性與政治、個人與歷史交疊，形成特殊的劇作演繹風貌。

自 1980 年代至今，台灣劇場中關注性／別議題的作品其實相當可觀。難以注目的主因或許在於戲劇作品有其時空限制，影音或劇本不一定於演出後流通成為公共資源，作品於演後即結束，難以被反覆閱讀進而成為每一代讀者共享的記憶。此外，除非作者持續創作同志題材的作品，亦難以在不同作品中揪出對話或傳承的蛛絲馬跡。對不同的創作者而言，「同志」一詞折射出的面貌其實紛雜，或生活或政治或美學，不一而足。

參考資料：
1 蔡雨辰、陳韋臻編，《踏青：蜿蜒的女同創作足跡》，女書文化，2015。
2 廖瑩芝，《九〇年代台北同志戲劇研究》，國立成功大學藝術研究所碩論，1999 年。
3 羅敬堯，《文化轉折中的酷兒越界：九〇年代台灣同志論述、身／聲體政治及文化實踐（1990-2002）》，國立交通大學語言與文化研究所碩論，2005 年。
4 謝肇禎，《台灣現代戲劇之同志劇本研究（1988-2010）》，國立成功大學台灣文學系博士論文，2012 年。
5 吳奕蓉，《女性發聲，姊妹作戲：臺灣小劇場「女節」初探（1996-2012）》，國立台北藝術大學戲劇學院戲劇學系碩士在職專班碩士論文，2015 年。

彩虹光影的折射
小談近卅年台灣同志影視

陳韋臻

1980s：同性戀情的時代殘影

1980 年代裡，若要尋找電影中的同志身影，觀眾可循線覓得林介清導演的《孤戀花》（1985，由陸小芬主演）、虞戡平導演的《孽子》（1986，由孫越主演），二者皆改編自白先勇的小說。值得注意的是，《孤戀花》最早的影像版不是眾人熟知的袁詠儀版本，而是陸小芬版本。這兩者劇本皆改編自陳正國之手（亦為 1983 年白景瑞導演《金大班的最後一夜》的編劇）。然而，若要將台灣「同志電影」的起點標誌於這個年代，恐怕為時過早。這個時代中，同志在電影中的存在，比較接近一種視覺暫留的大腦影像：觀眾至多只能從電影敘事中撈出「同性戀情的殘影」。

一方面，台灣電影市場在許不了（這位已經被遺忘的戲劇演員在當年的地位類似近年的豬哥亮）主演的商業電影霸權下，由中央電影公司（主事者明驥及小野、吳念真）推動的現代主義原著改編電影，促成「台灣新電影」的風潮，影響了民間商業電影導演及業者，引入鄉土小說改編商業電影。前述提及的作品即是在此脈絡中生成。另一方面，此時台灣尚未解嚴，電影產製與播映依循《電影法》，凡違反規定即可修改或刪減、禁演，直到解嚴後，1988 年頒布《電影片分級處理辦法》，電影分級確立為限制級、普遍級（後增加輔導級），電影檢查逐步放寬空間，同志電影才首先出現生存的縫隙。

因此，無論《孤戀花》或《孽子》，不僅電影公司對劇本先行淨化處理，拍攝過程風波不斷，最後依然在電檢下遭受大量刪修，前者的敘事結構與時空被改寫、陸小芬的女同性戀情蕩然無存，後者以「孫越」

（楊教頭）為主打、敘事主軸為家父關係。

「同性戀情」惟能透過後人捕風捉影。類似的情境亦延續至 1980 年代末，惟同性戀情逐漸在銀幕上形成輪廓，半是遮掩半是入櫃的女女關係現身，如 1989 年台灣導演黃玉珊與香港合作的《雙鐲》（改編自陸昭環同名原著，台灣 1991 年上映），以及陳國富導演的首作《國中女生》（小野編劇）。

1990s：同志電影作為一種閱讀的文化

同志電影的歷史書寫中，解嚴後的 1990 年代，始終被視為一個重要的時代。台灣電影創作上，李安的《囍宴》（1993）摘下柏林影展金熊獎、蔡明亮橫掃國際影展的《愛情萬歲》（1995）、《河流》（1997），以及林正盛的《美麗在唱歌》（1997）獲頒坎城影展會外賽金棕櫚樹獎等，一部部都是國際留名之作。另一方面，1992 年金馬影展的「同志專題」作為集體觀影儀式的起點──凡爬梳台灣同志文化生產的研究者皆無可迴避此事件，影評人聞天祥亦將其標誌為「台灣有史以來最大的同志電影專題」。當年影展專題名稱為「愛在愛滋蔓延時」，由影展策展人黃翠華邀香港影評人林奕華協助，主要放映英美的「新同志電影」（New Queer Cinema），如經典作品《處女機器》（Virgin Machine, 1988）、《愛德華二世》（Edward II , 1991）。

台灣「同志電影」發展似是迎光而行。然而，嚴格說來，1990 年代的同性戀影像觀看，大致區分為兩種文化。其一為主流的窺探：台灣電視史在 1991 年首度出現女女接吻畫面（NBC 製作的《洛城法網》（L.A. LAW））在後續新聞媒體上持續發酵；同時代席捲公共媒體的同性戀相關訊息，是大量的「愛死病」、情殺、扮裝，及多起媒體從業人員的同志酒吧偷拍事件；大眾電影的影像文化，由於開放國外配額、台灣製片量下滑，香港電影占據主流電影市場，其中疊合在同性戀形象上

的，深入人心者有劉洵在大量港片中飾演「陰陽不分」的太監形象，
又或者如王晶導演的《整人專家》（1991）、《赤裸羔羊2：性追緝令》
（1993）等電影中對愛滋病的消遣與汙名化。

另一種同性戀影像觀看的文化，相較之下，多限定在首都型年輕知識
分子中。1980年代大專院校影視相關社團、電影雜誌（《太陽系》、
《400擊》等）資訊，加上影展放映（金馬影展、女性影展）、台北市
的MTV（太陽系、影盧，是作家邱妙津愛去的地方）、藝術電影廳（真
善美劇院等），以及出租店、私下交流錄影帶等管道，培養出一批帶
有國外藝術電影審美的觀眾群眾。其中如影評人李幼新（今改名李幼
鸚鵡鵪鶉）致力推廣從電影中偷渡「同志」意象的解讀。

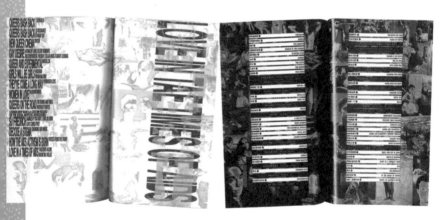

1992年台北金馬影展首度於國際影片觀摩展有同志影片專區。圖為該年度特刊與同志電影單
元片單。

在此般複雜的文化養成中，與其言1990年代是台灣「同志電影」的蓬
勃時期，更應該由另一個角度理解，即此年代以其特殊性，訓練出「閱
讀」同志藝術電影——無論是察覺、解讀、分析、共鳴，或偷渡、挪
用——的文化。如《同志文學史——台灣的發明》作者紀大偉觀察：「當

然台灣在一九九〇年代也有亮眼的同志電影，（……）但是當時電影人『還沒有』（至少在九〇年代的時候還沒有）像文學人（例如開心陽光出版社成員）一樣致力於同志文化生產的『整合』」。電影圈內人也一定多少聽聞，蔡明亮對李幼新屢屢在他作品中挖掘同志意涵、稱其為「同志電影」頗有微辭。導演或許不帶同志運動的意識，然而，「閱讀」同志電影的觀眾文化卻或多或少將觀看的意義詮釋權，轉注入運動的能量中，同時也冶煉出「同志電影」的觀眾。

同志運動能量與同志電影的匯流，較明確展示在 1990 年代後半的紀錄片創作上：1999 年陳俊志拍攝年輕男同志的《美麗少年》，與李湘茹拍攝女同志伴侶的《2，1》，聯手攀上戲院銀幕；短片創作收穫頗豐，周美玲以跨性別為題材拍出《身體影片》（1996）、吳靜怡（吳汰紝）《玉米火腿可麗餅》（1997）、陳若菲接連交出《強迫曝光》（1995）、《海角天涯》（2000）；延續至 2001 年周美玲囊入諸多國內外影展獎項的《私角落》，此作甚至在第四屆台北同玩節（2003 年）時，直接於同志族群重要地標「新公園」（今「二二八公園」）公開放映。

2007 年，周美玲導演的《刺青》邀請偶像楊丞琳、梁洛施演出，為年度炙手可熱之作。（周美玲提供）

2000s：主流化的同志運動與影視作品

伴隨主流同志運動的聲勢漲幅，千禧年後的同志電影與倡議平權運動幾乎是並行著。在台灣電影市場低迷的 21 世紀初期，同志電影以無害無傷的青春歡樂為基礎策略，奪取商業市場上的發聲筒，也迎向台

灣同志電影票房的高峰。

2002 年，易智言導演的《藍色大門》開響第一砲，推出了桂綸鎂、陳柏霖，微澀的青春愛情席捲年輕同志觀眾族群，也把主題曲創作者陳綺貞一把推進女同志心坎裡。2004 年，陳映蓉導演的《17 歲的天空》創下台北票房 538 萬（占全年度國片票房 2 成），在美日港泰等地上映，電影主題曲〈我想你的快樂是因為我〉成為一個世代傳頌不衰的同志戀歌；同年，周美玲交出「同志三部曲」的首作《艷光四射歌舞團》，大學素人扮演的扮裝皇后，交織在地民俗祭祀禮儀題材，不亮眼的票房，卻出乎意料在金馬獎上出采，頒獎典禮上，戲內的扮裝妖姬們群走紅地毯，輪番上台領獎，倒錯的性別裝扮大刺刺挑動轉播閱聽受眾的敏感神經。

2006 年，陳正道導演的《盛夏光年》配樂由五月天主唱阿信創作，使用許多五月天的歌曲作為插曲，劇情設定在三名青少男女之間似叛逆出走又如自我追尋之旅，年度票房突破千萬。2007 年，周美玲導演的《刺青》邀請橫跨中港台的偶像梁洛施、楊丞琳，摘下柏林影展泰迪熊獎，加上當年度全球金融危機、美國電影衰退、國片票房大有斬獲，《刺青》全年台票房突破 1300 萬，成為年度炙手可熱之作。其餘同志相關電影頻頻面世，包括《愛麗絲的鏡子》、《沿海岸線徵友》、《漂浪青春》、《花吃了那女孩》等，都成為年輕觀眾關注的焦點。

諸多台灣同志青春電影湧向院線主流大銀幕，搖身一變成為同時帶有叛逆與青春氣息的熱賣商品；非主流同志電影亦有更多管道可接近，除了持續舉辦的金馬影展、女性影展、台北電影節、純 16 影展等，獨立藝術電影院亦有 2000 年轉型專營藝術電影的長春戲院（今長春國賓）、2002 年光點台北之家陸續開館，後者更與台灣性別人權協會在2005 年推出首屆「亞洲拉子影展」，而網路發展也為此助上一臂之力。

接納同志的年輕閱聽人口增長，過往在主流文化中帶有汙名、奇觀性質的同志，此時終於能被堂而皇之地描繪出口，攀延跨出影廳和校園社團，進入闔家觀看的電視頻道：2001 年改編自杜修蘭同名小說的《逆女》在台視播映，是台灣電視史上首次以女同性戀為主角的電視劇；2002 年公視「二十四格的電影夢」第二集中的實驗短片〈旅行〉，以隱諱的實驗影像，紀念北一女兩位女孩；同年「人生劇展」曹瑞原將曹麗娟的女同志經典同名小說《童女之舞》改編於螢幕中；2003 年曹瑞原再導演《孽子》，男同性戀者終於不再糾結於 1980 年代的「家父」關係，以「經典男同志電視劇」囊括金鐘獎六大獎項。

直至 2000 年代末，原先作為「票房保證」的「同志電影」，隨著國片市場逐漸起死回生，同志議題也成為都會文化圈的顯學後，此時，依靠「同志」認同產生的觀影行為逐漸疲乏，票房成績亦逐漸疲軟。此刻，所謂「同志電影」開始面對新的考驗。

2010-2017：橫向串連，弱勢結盟

2010 年後，台灣以同志題材為主的類型電影幾乎消失殆盡，少數如周美玲儘管持續產製同志題材的商業片，卻因華人地區電影資金、技術人才結構的轉變，2017 年正推出的《替身》、《偽婚男女》皆為兩岸合拍片。而同樣在今年即將推出的台片《阿莉芙》（王育麟導演）中，以原住民同志為主題，改編自真人真事，則可探見近年來同志影像創作上的嘗試轉型，跨向青春校園以外的不同社會經濟階級，結合其他弱勢議題。在這個橫項跨域的嘗試裡，以紀錄片表現最為突出。

改編自杜修蘭同名小說的《逆女》在台視播映，是台灣電視史上首次以女同性戀為主角的電視劇。

黃惠偵拍攝自身女同志母親的記錄片《日常對話》為台灣首次派
選記錄片代表台灣角逐奧斯卡金像獎最佳外語片。（黃惠偵提供）

2010 年，以台灣女性移工為記錄對象的《T 婆工廠》，是由長期服務
移工、倡導移工政策改革的台灣國際勞工協會（TIWA）出品，執導
演筒的陳素香亦是 TIWA 資深工作成員，紀錄在台灣女性移工面臨企
業惡意倒閉抗爭時，女同志愛侶關係的情感支撐；2013 年，同樣由
TIWA 拍攝的續集《彩虹芭樂》，更跨海追尋這群女同志移工伴侶離
台後的身分、關係轉變，拓展台灣觀眾對東亞「同志」樣貌的認識之
餘，也勾勒出新自由主義的勞動力全球遷移路徑。

2016 年，拍攝短片《我和我的 T 媽媽》，再擴展為長片《日常對話》
的導演黃惠偵，同樣是社會運動場域出身，帶著攝影機回頭觀看自己
的家庭出身，不僅拉出女同志媽媽的身影，勞動的女性階級、單身母
親、父親家暴、民俗陣頭等，都在影片中被交錯串連，同時黃惠偵也
選擇讓自己入鏡，成為另一種身分的出櫃──女同志媽媽的女兒。這

部片成為 2016 年的台灣影像創作之光，勇奪柏林影展泰迪熊獎，在許多不同性別、性向的觀眾身上，拓展了觀看「同志電影」的視域，也埋下各社會領域之間的理解、關切與深層的同理心。

類似具有跨族群、階級的同志電影，也呈現在張作驥 2015 年交出的劇情長片《醉‧生夢死》中。不同於上個十年之間籠罩同志形象的美好光影，張作驥敘事線主要落在市場中的小混混，全片在傳統菜市場的晦暗灰黴巷弄間穿梭，透過家人關係深刻引出各種勞動、教育階層與世代族群人物之間的愛恨生死──包括同志在內。這部貼緊在地、刻畫深入的電影，讓張作驥成為當年度台北電影節的最大贏家，也創下首次受刑人奪獎的紀錄。

當然，2005 年陳俊志即展開老年同志的紀錄影像《無偶之家，往事之城》，看破青春男體的時效與侷限，在台灣同志運動狂飆之時，率先跨入更難以在主流社會中出櫃的少數同志族群。而這樣的嘗試，在2010 年後，卻是被性別運動之外的社會運動者、影像創作者接起，續力。

參考資料：
1 世界文學編輯委員會，《電影與文學》，聯經出版，2014。
2 蔡雨辰、陳韋臻編，《踏青：蜿蜒的女同創作足跡》，女書文化，2015。
3 橘子，《拉子時代──電影、愛情、半生紀：第一部》，橘子評論社，2017。
4 紀大偉，《同志文學史：台灣的發明》，聯經出版，2017。
5 《台灣電影年鑑》，國家電影中心出版。

今在此沿時間線徵友
打開同志徵友史

陳栢青

「好兄弟，我十四歲便在公園裡出道。」白先勇《孽子》中小玉對阿青說道。「出道」被同志用來稱作進入圈子、認識友伴的開始，只是公園、酒吧固然是出道的首場見面會，早年訊息傳播管道有限，同志認識依賴口耳傳播，或經過報刊報導，才能得悉聚會場所。而時代並不友善，「同性戀加好奇心＝愛滋病」，1991 年《中國時報》仍可以見到這樣的標題，同志或憂慮他人眼光，或出於害羞，縱然知道同志聚會地點也不敢前往，那使得「出道」無期，認識朋友變得加倍困難。茫茫人海中如何尋找彼此？勇敢踏出一步，卻怕真心換絕情，「徵友」成了一次大冒險，透過各種方式現身，又達到隱身的效果，隔了一層，其實已經最暴露了。隱與現之間，也就成感情與慾望的引線。寫不完同志徵友史其實是同志生存史，希望認識別人，原來是接受自己的過程。

方寸即天地：徵友欄

徵友欄不過方寸，對很多人而言，也就是天地了。訊息流通不方便的年代，刊物與雜誌上的筆友欄、徵友文是異性戀交友的重要管道，但春光藏不住，生命都會自己找到出路，80 年代《愛情青紅燈》雜誌號稱「軍中最紅的民間刊物」，傳之於軍旅，過手未必是異性戀男子，便多出幾雙同志的眼睛在其中暗眨，盼被看見。而《世界電影》雜誌帶來流行文化資訊，盛行於中產階級與學生族群中，徵友欄間或可見同志突圍足跡。至 90 年代，於《愛情青紅燈》和《世界電影》雜誌上徵友竟成一股風潮。1995、1996 年《世界電影》雜誌上每個月至少有四分之一徵友訊息或明示或暗示，同志在搶灘登陸。

《愛情青紅燈》設有「筆友（心情信箱）」，《世界電影》上則有「影迷俱樂部」，但畢竟標榜「鼓勵未婚青年男女，開拓正常交友空間、寬闊思想生命為宗旨」，並且「對於違反本宗旨之函件，或詞語曖昧不當者，本來得以退件不刊出，或逕於刪修」，同志要隱藏其中，並同時顯露自身存在，「異中求同」變成求生策略。文字上偷渡，想方設法暗示，只有自己人知道。

徵友文可以古典，例如「小威，男，22歲。一場幽夢同誰近，千古情人獨我痴。願在青埂峰下，三生石畔，與你年年月月日日，期盼有志青年來信。」文字用典，期盼有志青年來信，又與之月月日日。雖不明說，但身分也是天地可鑑了。

當然徵友也能很現代，「Kevin Lee，男，24歲，給我酷兒，其餘免談。」一句話表態。而隨著時代演進，不只同志認識彼此，徵友欄甚至能反過來看出同志內在自我的成形，無論「世人的眼裡，這是段不該有的畸戀，但我著實不願意就此放棄享受真愛的權利。」又或「宇宙觀的寬容是大愛，感情是自然表露，不分男女，沒有對錯，盼真誠相待，誠徵投緣的南部青少年為友。」那不只是自我介紹的引言，其實是世界觀的形成。從中可以看到同志怎樣看待自己，以及面對社會。

男找男。願與青年為友。但找的只是朋友，或者希望同類相吸引？徵友欄中字字珠璣，增加辨識度的方法，較為多見的方法如挪用同志Icon：「阿榮，男，十七歲，愛好：MADONNA、madonna、瑪丹娜」，或將同志影視作品放入興趣嗜好中，例如「男，28歲。我聽黃耀明，熱愛與女朋友同言無忌，喜歡在公司裡掏心，卻一直苦無知音，來封信吧，保不定明朝我兩將相，信，相，依。」借流行元素與偶像傳心，迂迴撒下麵包屑，以供同類以逐字相尋。

★粘利文：女，十四歲，愛好：A
型、幻想、Heauy Matel. Burrn.
Queensryche. David Bowie
Aerosmith Hooters En'R 神絲質
、科幻、星夜。

★羽航：男，廿歲，愛好：美術設
計、音樂、大自然、願以懂得欣賞
浪漫的朋友為緣。

★阿榮：男，十七歲，愛好：
MADONNA、madonna、瑪丹娜

★陳劭儀：女，廿四歲，愛好：電
影痴、音樂狂、跳舞瘋、攝影迷。

灯紅青情愛
半月刊

四大天王★張宇
庾澄慶★施易男
★陳亞蘭

來電嗎？
妳和戀母型男人

♥ 太傻的盲目感情
　不應再蹉跎青春
♥ 面對問題思解決
　去除猜疑心境明
♥ 面對困境不屈撓
　點點滴滴盼未來

ISSN 1022-2

定價98元

《世界電影雜誌》、《愛情青紅燈》雖大部分是異性戀讀者，但也可見同志突圍足跡。

徵友欄上的「同志」一詞成斷代，1992年金馬影展開設「同志專題」，「同志」同時指涉同性戀這樣的用法於台灣開始流行後，90年代徵友欄上使用「同志」便多了一層寓意。「歡迎志同道合的青年來信交換彼此生活點滴」、「徵求志同道合者為友」、「尋覓有志青年為友」人們刻意在徵友文中嵌入同志兩字，同志在徵友欄中既隱又現，光明正大隱藏。

隨著1994年《女朋友》雜誌創刊，1996年《熱愛》雜誌出現，專屬同志的雜誌上設有徵友欄，同志再無需遮掩，得以砲火全開。作家何景窗曾談到：「最早期女同志交朋友的方式，就是利用《女朋友》雜

誌的徵友信箱，後來女書店的筆記本也變成認識朋友的一個管道。」
而《熱愛》雜誌上徵友欄服務各族群，不只男找男，還有女找女。愛
人啊來相會之外，更設有尋人欄位，足以容納心情故事，有人在上頭
懺情，有人張貼尋人啟事，徵友文便不只朝向未來張貼，還要向過去
召喚。

除了雜誌上徵友文，90 年代報紙分類小廣告上也見玄機。時可見「男
男交友聯誼社」廣告，其運作類似婚友聯誼社，繳交經費後對方會依
照條件與需求配給數則聯絡電話與地址。

值得一提的是，「我們之間」的會員克柔所成立的「迎芳軒」成為「第
一個女同志電話信箱」，以付費會員方式，提供徵友交誼。「在我們之
間處理信件的過程中發現，有百分之九十到百分之九十五的圈內人是
為了找朋友，也就是找伴，我覺得女同性戀隱藏的人口數不清，檯面
下的市場無窮無盡，我嘗試以迎芳軒來賺錢，有錢才有力量，才可能
達到革命最終目的。」

校園發跡的桃花源：BBS

科技發展，在網際網路普及之前，BBS 先一步登陸校園，BBS 全名為
電子布告欄系統（Bulletin Board System），因為匿名與互動性高，
雖然介面簡單，卻已經體現此後網路世紀的強大願景，廣受學生族群
青睞，一時各校紛紛建立校園 BBS。隨著功能演進，更支援跨校跨版
連結，稱之「轉信」。大站大板之間合縱連橫，同志於此找到新桃花
源，在 windows 視窗之前，BBS 先為同志開了一扇窗。

1994 年 4 月中央資訊管理系 BBS 站成立 MOTSS 版（Member of
the Same Sex），成為台灣第一個同志 BBS 專版，隨之交大資工、台
大計中、中興計中、中興法商等也陸續開設專版，並使用轉信，一個

大規模的連結出現。根據喀飛統計，「自 1994 年 4 月開始，1995 年有 23 個 BBS 站有 MOTSS 討論區，1996 年有 42 個，1997 年已經增加到 70 個 BBS 站有 MOTSS 討論區。」

由專板走向專站，MOTSS 版以單一專板卻要容納眾多訊息，使用者慨嘆「水量驚人」，訊息容易被淹沒。需求創造園地，1995 年交大「焚不燬站」BBS 又出現「同性戀神學版」，而後便出現以同志為主要使用對象的 BBS，眾水分流。1996 年出現專屬女同志的 BBS 站「壞女兒」，1997 年有「彩虹夜總會」BBS 的出現，BBS 站內各板分類詳細，包羅萬象，由生活休閒而至專業學術討論，體現了一個「同志生活」的全景圖。至 2000 年，又有 KKcity 的成立，其下設有花魁異色館，容納多元性取向和各種性癖，並設有彩虹模式，一旦開啟，使用者名單上會顯示出使用相同模式的登入者，交友史於 BBS 頁面上又刷新了一頁。

女同志也在 BBS 上快速集結。中央資訊管理系 MOTSS 版成立後，1996 年淡江大學蛋捲廣場隨即有了「拉子天堂」專板，是屬於女同志的集散地，而 BBS 站「壞女兒」成立，板規並標明：「本站提供交誼交流平台」，2005 年 KKCITY 的 5466（我是拉拉）BBS 再領風騷，其上設有「地區板」，方便同縣市女同志互相認識。而 PTT 上 Lesbian 版至今歷久不衰。

BBS 介面以文字為主。暱稱和帳號帶來掩護，有了帶面具的效果，網路提供安全感，既是公共空間，又有私密性，同志得以暢所欲言，遂成為同志出道的熱門選擇。在 BBS 發展早期，同志身分未能明言，ID、匿稱與簽名檔便提供想像空間：「假鳳虛凰」、「雄兔眼迷離」、「餓 0 古堡」、「給彼此一個機會」……同樣是文字徵友為主，但徵友欄、筆友信箱徵友年代，同志的存在以一則訊息為單位，下一次再出現，換個名字，又是新的一頁。而 BBS 的帳號雖然是面具，卻在長期經營

之下，可能是袒露最真的一部分。三言兩語，意在言外。而男同志會在暱稱後輸入 % 或是 G。女同志輸入@，也成了暗號，識貨的便來。

是徵友，先自介。BBS 將「出道」和「徵友」結合，發現別人，也是認識自己。同志在板上張貼「自介文」，隱身網路後台，又將自我推向前台，透過訊息和私人信件的方式，或在 BBS 上暢談，或於現實中見面。此外「尋人文」也成為特色，城市裡一個眼神一個動作，意難忘，便情牽程式中，在 BBS 描述某年某月的某一天，地點穿著與可能的接觸，網海茫茫，依舊情真意切。

但虛擬空間乍看無窮大，同志得以伸手腳，放縱足，亦不能免於言論緊縮政策和打壓，1999 年起台大椰林風情 BBS 針對涉及一夜情、色情網站介紹等文章進行管制，2000 年更取消暱稱與簽名檔：「由於部分使用者不當利用 BBS 的名片檔及暱稱從事尋找一夜情及網愛的活動，椰林風情站自即日起將不提供名片檔及暱稱功能。」暱稱和名片檔重要嗎？從這裡也看出 BBS 時代徵友的特色，同樣是文字介面，並且匿名，但 BBS 的暱稱和名片檔卻因為長期經營而自成一個虛擬人格，對同志而言，那有可能是最真的自我。僅僅是取消暱稱，其實也就殺死了同志一次。事件爆發後，同志紛紛離開台大椰林風情 BBS，形成「只有椰林，沒有風情」的肅殺景觀。乾淨了，其實空洞。

BBS 以文字為主，暱稱和帳號帶來掩護和安全感，同志可暢所欲言

徵友網站之百花齊放

BBS 大鳴大放，而網際網路的軟硬體建構越趨成熟，使用者漸多，網路將匿名、去中心等特性發揮到極致，現身更肆無忌憚，聯誼交往便有更多可能，縱然只是留言板形式，也足以吸引眾多同志投入交友，如「薔薇勁爆留言版」僅提供文字介面，卻因為容忍度極高，百無禁忌，從交友到慾望的發洩，吸引同志留言。那也可以看出，過去是尋找彼此，網路世代徵友，更多是完成自我實踐和對自我可能性的探索。

相較於 BBS 與徵友文的以純文字為主，網路多了視覺刺激，能刊登照片，也因此改變徵友方式。奇摩交友於 2002 年誕生，蕃薯藤網站約於 2004 年提供交友介面。透過照片和留言的方式，同志更有技巧，或以文字明示暗示，延續文字交友傳統，在日記與自我介紹延續文字交流，或在照片上釋放訊息，例如於網路相簿中張貼大量裸露照或泳裝照，越開放，便能尋開心。

1999 年奇摩又推出「奇摩家族」，以網路社團形式呈現，同志可以自創社團，慾望五花八門，需求得以分門別類，投其所愛，選其所好，於社團內認識新同伴，世紀末前後，卻是徵友的繁花盛開。

而綜合性論壇也在 90 年代末登場，Club 拓峰網、摯愛中年等皆設有同志徵友區。2003 年更出現「拓網交友」網站。網頁上便宣告該網站為「男同志（男同性戀）社交以及交友網站」。「拓網交友」有更為完備的交友頁面，照片與基本資料不可少，此前眾網站交友功能如留言、日記、送禮等一應俱全，還提供社團功能，至今仍於網路世界為同志牽起友誼的橋樑。

女同志網站在 90 年代也曾風起雲湧，1996 年 Dingo 成立台灣第一個同志網站「我的拉子烘焙雞」，後改名「TO-GET-HER LEZ CYBER

PUB」,「不只是一個媒介、一個 information center,也是一個社群。」提供女同志來往來留。同時又有小鎮姑娘、DearBox 等徵友網站出現,《LEZS》雜誌總編輯王安頤便提到:「早幾年除了 BBS,比較偏交友性質的網站如 DearBox、TO-GET-HER,以及近年流行的『2 Girl』。有些人則玩奇摩交友、無名。」

線上即時聊天室接軌時代,排除等候時間,成為同志認識彼此的最快速選擇。90 年代末奇摩聊天室、尋夢園接通彼此,而 UT 男同志聊天室與女同志聊天室歷久不衰。最小限度硬體需求,最大幅度交友可能,網路線成為情感的熱線,牽起你和我。

網路也成為同性戀平權運動的虛擬聚會點,性別議題與社會事件在網路上快速發酵,帶來跨地域的討論,同志也能於上頭快速動員。例如 1998 年華視夜間新聞「新聞特搜隊」以偷拍方式製作「女同性戀酒吧、另類樂園」專題報導,眾多網站與 BBS 上立刻出現抗議,除貼出連署書連結號召簽署,並號召同志以電話和信件進行抗議,同志透過這樣的方式群聚,雖然未必是朋友,卻透過另一種方式在一起。

媒介的改變,由文字而至照片,乃至影音。回復速度也由信件往返而至訊息即時來回。隨著手機上交友 APP 的出現,「定位」功能提示周邊有多少同志,人人一張大頭照頁面上比鄰而居,使徵友不再是「兩條平行線可能交錯」,而是點與點的碰撞,認識別人乍看之下變得輕易,距離得以快速拉近,無縫接軌,但感情的核心問題依然古典,「為什麼不是我?」、「對的人哪裡去了?」,那使徵友史只有里程碑,卻沒有完結篇,隨著手機 APP 的發展,同志此刻依然在線中。

註:標題改自鯨向海詩作〈沿海岸線徵友〉。

台北同志組織，集結、運動年表（1989 ～ 2017）

陳韋臻

本年表參考《揚起彩虹旗》、歷年《認識同志手冊》、各同志組織官網與同志運動事件研究論文等資料，整理為本表，含括 1989 年迄今同志組織與集結、運動事件記事，在製表過程中，經喀飛增補修訂而成，在此致謝。因時代跨幅甚大，組織與事件眾多，如有錯漏，來日有待方家指正。

年分	組織	集結・運動事件
1989	「[扌歪]角度」讀書會成立，成員包括鄭美里、王蘋、丁乃非、成令方、張小虹，以及大學女性研究社團、婦女新知義工等，共同閱讀西方女性主義經典、同性戀相關議題。	
1990	2 月，台灣第一個正式成立的女同性戀團體「我們之間」創立，此為「[扌歪]角度」讀書會的女同性戀成員向外召集圈內朋友，另行成立的團體。	6 月，女同性戀團體「我們之間」加入亞洲女同性戀聯盟（Asian Lesbian Network，簡稱 ALN），10 月派員參加於泰國曼谷舉行的第一屆 ALN 大會。 8 月，第一屆「大專女生姊妹營」開辦，由婦女新知基金會與跨校女研社系統合辦，共 23 個學校、80 多位女生參與。隔年各大學女研社成立「全國大專女生行動聯盟」（全女聯）。
1992	8 月，愛滋服務團體「誼光義工組織」成立並舉辦第一屆義工大會，由愛滋防治醫療人員及感染者共同籌辦，為「誼光愛滋防治協會」前身。	3 月，女同性戀團體「我們之間」參與婦運團體舉辦「我愛女人園遊會」，且在園遊會上公開介紹。
1993	3 月，台灣第一個正式立案的校園同性戀社團：台大「男同性戀問題研究社」（Gay Chat，簡稱台大 GC）成立。 12 月，社會運動色彩鮮明的同志社團「同志工作坊」成立。	男同性戀酒吧 Funky 開始舉行一系列同志座談會，並定期舉行同志社團幹部集會。 12 月，針對立法院待審的「反歧視法」草案未含同性戀權益條款，同志工作坊、我們之間、ALN、台大 GC、愛福好自在報、AIDS 中途之家等共同舉辦「促進同性戀人權公聽會」，由顏錦福立委辦公室主辦，是台灣第一次在立法院內討論同性戀人權議題。會後同志工作坊出版並發行《反歧視之約》。

年分	組織	集結‧運動事件
1994	女同志成長團體「同性之愛」成立，由佛教諮詢機構觀音線籌組，清華大學輔導老師成蒂帶領。 中央大學「性別行為與社會認同讀書小隊」（Study Team of Identity & Gender，簡稱 STING）成立，以校外茶藝館「拉搩」為據點，為中央大學「酷兒文化研究社」及「酷兒會社」的前身。 4 月，華文地區第一家女性主義專業書店「女書店」於台北公館開幕。 11 月，台大「女同性戀文化研究社」（Lambda，後改名台大浪達社）成立，隔年 2 月成為正式社團，是台灣第一個地上化的校園女同性戀社團。	6 月，第一屆「校園同志甦醒日」（Gay & Lesbian Awakening Days, 簡稱 GLAD）開跑，由台大男同性戀研究社（Gay Chat）及尚未登記成立的台大女同性戀研究社（Lambda）共同促成，將 6 月 1 日稱為「校園同性戀日」。 9 月，台北誠品書店總部舉辦「男男女女新文化系列」活動，集結各路同志團體與論述者，大專院校同志社團也因此在新聞媒體上大幅曝光。
1995	「同性戀人權促進小組」成立，以同志議題、同性戀婚姻合法性為討論主題。 4 月，反串歌舞秀團體「白雪綜藝團」成立，由國立藝術學院學生組成，團長為松田丸子（本名簡志澄），掀起話題。 5 月，中央大學女學生以「二隻鯉魚」為暗號，透過 BBS 發布號召成立女同性戀社。 6 月，「全國校園同志團體聯盟」成立，是第一個校園同志社團結盟的組織。 8 月，台師大學生原先欲組織校園同性戀社團男研社，卻因師大及教育部以「法令並無規定同性戀者可否當老師，但覺得同性戀者的身心發展通常並不健全」為由，反對校內男同性戀學生成立社團。此為「台師大男研社事件」。 10 月，中央大學「性／別研究室」成立，旨在學術和理論層次上，批判外界性別主流化的論述與政策。隔年開始舉辦「四性研討會－性教育、性學、性別暨同性戀研究」是台灣第一次以同性戀為題的學術研討會。	2 月，第一屆「雷斯盃」女同性戀運動會在台北舉行，共一百多名女同性戀參加。 3 月，同志工作坊發起，台灣同志團體約 60、70 人首次走上街頭，抗議台大公衛所教授涂醒哲在愛滋流行病學研究中醜化同志。透過回收率僅 2.6%、回收有效問卷只有 107 份的問卷調查，發表汙名同志結論。 8 月，第三屆亞洲女同性戀聯盟（ALN）大會在台灣舉辦。共 9 個國家、140 多位女同志參與，為台灣首度舉辦國際性同志聯誼和研討活動。 11 月，「同志工作坊」與多所學校同志社團，在北、中、竹舉辦跨校「台灣同志藝術節」，包含書展、美術展、小劇場、影展、美學講座等，將彩虹旗掛遍各校園，並邀請扮裝同志踏上台大椰林舞台的伸展台。 12 月，台大學生代表選舉爆發「強迫曝光事件」。工學院代表候選人散發傳單，惡意點名其他六位參選人是同性戀，引發論戰。事件論戰文獻後來被整理《台大強迫曝光事件調查報告書》出版（WALE 同志工作小組，1996）。

年分	組織	集結 · 運動事件
1995	10月，台灣第一個同志基督徒團契「約拿單團契」（同光教會前身）成立，由楊雅惠牧師透過網路號召同志基督徒，於台北市義光長老教會成立。	
	12月，同志團體及台大外文系副教授張小虹組成「同志觀察團」，針對年底立委選舉候選人提出「同志政見換同志選票」，對台北市候選人發出政見問卷，並召開記者會公布候選人回覆。同志社群首次組選舉觀察團，監督候選人。	
	12月，「同志空間行動陣線」成立。針對台北市「首都核心區規劃歷史保存計畫」規劃案中，透過更新計畫驅離新公園內的同性戀，同志聯手要求落實保留新公園作為同志歷史記憶的空間設計。此為「第一次同陣」，至次年6月結束。	
1996	2月，中央大學「酷兒文化研究社」成立，兼收異性戀及非同志的性少數，創下各校同質性社團的先例。	1月，由大專院校女同志社團首度共同舉辦「校園女同志社團聯合幹訓」，間接促使其他大專院校女同志社團出現。
	4月，台灣第一個佛教同志團體「童梵精舍」成立。	2月，「同志空間行動陣線」舉辦第一屆「彩虹情人週」活動，包括「十大夢中情人票選」、「彩虹園遊會」。十大夢中情人票選新聞攻佔影劇新聞版面，媒體策略成功。
	5月，台灣第一個同志基督教會「同光同志長老教會」（簡稱同光教會）成立，同年6月教會刊物《同志之光》創刊。	3月，「同志空間行動陣線」組隊參加「女人100」遊行，是同志第一次以彩虹旗隊伍參加婦女運動。
	9月，東吳大學「同志合作社」以地下社團型態成立，開始在校內宣傳招生。	11月10日，名作家許佑生及伴侶葛芮於台北福華飯店公開舉行同志婚禮，國內外媒體大篇幅報導，引發社會關注與討論。同志社團代表以「讀友會」出席。
	10月，南部最早的校園同志團體「同盟會」（Take That）成立。	12月，由同志公民團體組成的彩虹大隊參與「女權火照夜路——紀念婉如」大遊行，女性團體與同志團體齊聲要求要夜權得到安全保障。
	12月，台北市府聲稱提供經費辦同志活動，同志團體集結成立「同志公民行動陣線」，為結盟最多的跨社團同志組織，是為第二次同陣。	12月，香港舉辦第一屆「全球華人同志大會」，邀請台灣許佑生、安克強、二哥（賴杞豐）參與，二哥於會中報告台灣同志運動景況。
	12月，第一家專門出版同志書籍的出版社「開心陽光」成立，由楊宗潤創辦，出版台灣男同志相關書籍，亦引入帶有西方男同志歷史觀的翻譯書籍。	

年分	組織	集結·運動事件
1997	2月，「拉拉資訊推廣工作室」（簡稱拉拉資推）成立，台灣第一個以推廣、教育女同志上網為宗旨的義工團體。拉拉資推於1998年起續辦「雷斯盃球賽」與「網路拉子普查」，成為大專院校女同志年度盛事。 4月，第一個由同志教師組成的團體「教師同盟」成立。 7月，台灣首見結合廣播、網路及電話的「同志百憂解專線」設立，提供多面向諮詢服務。 9月，露德之家結束37年的孤兒收容服務，轉型為專門服務愛滋感染者的單位。 11月，第一個強調同志諮商工作的「同志助人者協會」（簡稱同助會）成立，隔年6月改名「性與性別諮商協會」，成為籌組「同志諮詢熱線」的四個組織之一。 11月，「中華民國愛滋感染者權益促進會」成立，是台灣第一個由愛滋感染者與家屬朋友發起的非營利自助團體。	2月，由台北市政府提供經費舉辦的市民同志活動，「第二屆彩虹情人週」政府跳票取消，「同志公民行動陣線」舉行記者會譴責市府及市長陳水扁，並在台大校門口舉行「同志嘉年華抗議舞會」，現場發售全亞洲第一張同志音樂專輯《撫摸》。 6月，「彩虹·同志·夢公園」園遊會在台北新公園舉行，由同志公民行動陣線主辦。 7月，台北市爆發「常德街事件」。十五名荷槍員警對常德街展開大規模攔街臨檢，並將四、五十名民眾強行帶回警局。同志公民行動陣線針對「常德街事件」成立專案小組，舉辦「誰的治安？誰的人權？」座談會。 12月，婦女新知基金會解僱職員王蘋、倪家珍，引發外界關切與後續討論，同志公民行動陣線為此聲援。此事件被外界冠稱「新知家變」。
1998	6月，台灣第一個常設性同志組織「同志諮詢熱線協會」於台電大樓旁巷弄成立，提供長期固定的電話諮詢服務，並以組織化推展同志運動。 9月，政大女同志社團「政大奇娃」成立。	3月，同志團體參與由粉領聯盟、台北市公娼自救會結合女工團結生產線所發起之「反污名大遊行」，以行動劇和遊行的方式，抗議社會上對弱勢族群的污名。 3月，北市八校女同志社團舉辦女同志聯合舞會，為首次女同志社團跨校檯面上的聯誼交友活動。 6月，「我們之間」派員參加在舊金山舉辦的第一屆「全美華人同志大會」，發表台灣女同志處境的觀察報告。同年7月至洛杉磯參加第二屆「亞太女同志大會」，建立台灣與國際女同志交流的管道。 8月，針對華視新聞特搜隊的女同志酒吧偷拍事件，女同志團體「我們之間」發起聯署抗議，引發上千人連署響應，在媒體上引發報導。 9月，台大浪達社舉辦「酷絲拉同女成長營」，為首度以女同志為號召的營隊。

年分	組織	集結・運動事件
1998		11 月,同志團體共組「1998 選舉同志人權聯盟」,發表「同志人權宣言」,並邀三黨北市長候選人簽屬。國民黨馬英九、民進黨陳水扁皆簽署回覆,新黨王建煊以宗教為由拒絕,公開發言反對同性戀。
		11 月,男同志酒吧「Tattoo」發生同志情侶吵架,一人墜樓身亡,引發媒體連續三天以偷窺式負面新聞報導炒作。同志諮詢熱線 12 月舉辦「是誰殺了同性戀」座談會,檢視國內著作汙名同志內容。
		12 月,警察以臨檢之名闖入「AG 健身房」,強迫被臨檢者拍猥褻照企圖做偽證。同志社群緊急動員聲援。員工張座誠以證人身份被徹夜留置警局,拒絕簽署不實筆錄。2000 年 2 月,被告初審獲判無罪。檢察官提起上訴。6 月 20 日高院撤銷檢察官上訴,正式結案,被告三人維持原判無罪。
1999	1 月,第一家同志書店晶晶書庫在台北公館開幕,是台灣第一間公開懸掛彩虹旗的同志空間。	3 月,「同志公民權推動聯盟小組」舉辦「如何推動校園同志教育」論壇,廣邀學界、民間團體及教師組織討論,「高雄市教師會」公開表態支持。
	4 月,海洋大學女同志地下社團成立,為基隆地區首度有組織性的同性戀社團。	5 月,台北地區大專院校女同志社團聯盟(NULA)舉辦「NULA 聯合舞會」,包括台大、政大、中興、東吳、輔大、淡江、文化、世新、實踐等九校女同志社團共同參與。
	5 月,台灣性別人權協會成立,同時舉辦「被放逐的母親,人權何在?」座談會。	11 月,辛亥路男同志酒吧「Corner's」持續一個月遭警方惡意臨檢,警方明言要以臨檢施壓至該 pub 停業,同志社群關注聲援。
	11 月,銘傳大學地下女同志社團 GPP 成立。	11 月,東森電視台「驚爆內幕」節目未經作者同意,盜用同志記錄片《美麗少年》畫面,製作充滿扭曲及負面報導的同志專題,讓影片中的少年身分曝光,並以針孔攝影機偷拍數名同志酒吧。導演陳俊志按鈴控告東森侵犯智慧財產權。
	11 月,東吳「同志合作社」正式登記為學校社團,原名「藝術采風社」更名為「東吳同志合作社」。	
	11 月,文化大學「男同學」同志地下社團成立。	
2000	TG 蝶園成立,由中央大學性/別研究室教授何春蕤主持,為台灣第一個公開的跨性別團體。	7 月,台北公館「公館彩虹社區」計畫啟動,由台灣同志諮詢熱線協會、晶晶書庫、搖滾看守所、Corner's 酒吧共同出資發起,邀請共 38 店家參與,於店門口貼上彩虹貼紙、放置定期印製的「彩虹社區地圖」、提供每月同志活動訊息。
	5 月,台灣第一家女同志出版社「集合出版社」成立,由林寒玉設立,立志出版百本女同志專書。	7 月,台大浪達與婦女新知合辦「好自在青少女同志成長營」,為台灣首度為青少女同志開辦的正式營隊。

年分	組織	集結 · 運動事件
2000	6月，「社團法人台灣同志諮詢熱線協會」在內政部立案通過，成為第一個在內政部登記的全國性同志機構。	9月4日，陳水扁總統接見參加「台北同玩節－同志論壇」兩位美國同運人士，同志社團代表王蘋、喀飛陪同出席，提出「安全和人權」、「教育人權」、「平等工作權」、「總統帶頭示範對同性戀的尊重」等同志基本人權四大要求，總統表示「非常同意」。這是台灣總統首次接見同志運動人士，並公開表示「同性戀不是罪，也不是疾病」。
		9月，台北市政府民政局長林正修推動、撥款100萬，由同志團體以台大城鄉基金會名義承辦第一屆「同志公民運動－台北同玩節」，為官方首度以常態預算科目編列同志相關活動經費。
		9月，台灣同志諮詢熱線協會加入「國家人權委員會民間團體推動聯盟」，與其他人權團體、社會團體共同推動國家級人權保障機構。
2001	3月，台北市建國中學學生以研究同志為名，向校方申請籌組「同志社團」獲校方同意。本將成為全國第一個獲准成立的高中同志社團，因成員對「同志」名稱達不成共識而「功敗垂成」。	1月，為了聲援晶晶書庫深夜被砸磚，同志諮詢熱線發起各界連署，共50多個團體、300多人參與，2月舉行點燈活動。
		1月，台權會出版《2000年台灣人權報告》，邀同志社團撰寫同志篇，首度將同志人權列入台灣年度人權報告。
		4月，台灣性別人權協會與妓權團體日日春關懷互助協會共赴內政部，抗議要求廢除罰娼條款，為性別團體與性工作權益團體合作的開端。
		5月，同志諮詢熱線舉辦首屆「認識同志：教師研習營」，近50位高中職教師參加，同志團體舉辦的研習活動，首次獲台北縣市教育局核發研習時數。
		6月，第六屆「校園同志甦醒日」擴大舉辦，北區大專院校各同志社團與北區大專女同志聯盟（NULA）合作，共21社團近900位同志參與晚會。
		8月，第二屆「台北同玩節」，以「陽光·活力·同性戀」為主題，舉辦「彩虹運動會暨雷斯盃」、園遊會，並舉辦「社區巡迴講座」、「同志記錄片欣賞」等活動。
		9月，前三屆由香港舉辦的「全球華人同志交流大會」，第四屆由台灣同志人權協會主辦，首度在立法院召開國際論壇，呼籲立法院儘速在《人權保障基本法草案》增列同志的平等權。
		10月，台北地區大專院校女同志社團聯盟（NULA）共同在台北PUB中舉辦「拉子狂歡節」派對舞會活動，包括15所大專院校女同志齊聚狂歡。

年分	組織	集結・運動事件
2001		11月27日，跨社團「2001立委選舉同志觀察團」經過問卷回覆，舉行記者會推薦四個選區11位立委候選人。
		12月，「抗議疾病管制局以防治之名發佈有偏見的新聞稿——誤導愛滋防治方向造成防治缺口」記者會，由性權會、權促會及熱線共同舉行。
		12月，首次北區男同志聯合舞會「探G熱」，由東吳同志合作社總召集。
		12月14日，司法院大法官會議發佈釋字第535號解釋文，明確指出警察不得不顧時、地及對象任意臨檢。對長期遭受警察惡意臨檢的同志社群而言，是保障基本人權的一項重要宣示。次年通過《警察職權行使法》。
2002	6月，台灣第一個以參政為宗旨的同志社團「同志參政聯盟」成立，在女巫店舉行「二○○二同表心意－同志和朋友的生命對話」。	5月1日，國防部公布「憲兵兵員甄選實施計劃」，明訂同性戀者不能擔任憲兵勤務，引發違反人權爭議；5月2日40多個同志團體代表聚集國防部前抗議，國防部給予正面回應，立即修訂此一排除條款。
	11月，「台灣性別平等教育協會」成立，由基層教師、學者專家、學生、社工、心理師、醫師及藝文界人士共同組成，致力推動校園性別平等。	5月，第七屆「校園同志甦醒日」除了跨校合作，首度跨出台北市，結合玄奘大學女性議題與性別空間研究社，於新竹的清華大學舉行多場議題及影片座談會。
	11月，「G大調男聲合唱團」正式在台北市文化局登記為業餘表演藝術團體，成為第一個正式立案的同志藝文團體。	8月，台灣同志人權協會等團體連署成立「還我粉紅身份證－跨性別權利聯盟」，呼籲社會尊重跨性別者的性別選擇權與聲音。
		8月，拉拉資訊推廣工作室成立「前進雪梨專案」募集球員，與性別人權協會、同志諮詢熱線共同舉辦「台灣同志女籃隊參加雪梨同志世運會」行前記者會，接受國家體育委員會贈與球衣、外交部授旗。成為第一個代表中華民國台灣出席國際同志世運會之團體。
		11月，日日春協會主席以參選台北市議員推動性工作合法、反對性／別歧視運動，與性別人權協會、同志諮詢熱線共同策劃性工作者與LGBT同志彩虹花車遊行，沿街拜票爭取支持。
		12月，性別人權協會秘書長王蘋與同志諮詢熱線常務理事李明照，參加總統府「人權茶話會」，當面向總統提出政策建言。
		12月，台灣首次「十大性權記者會」，由性別人權協會、TG蝶園、同志諮詢熱線、日日春關懷互助協會合辦，提出「性權即人權」，並選出2002年台灣發生的十件性權侵權事件分析檢討。

年分	組織	集結 · 運動事件
2003		2月，台灣性別人權協會參與 30 多個社會團體共同發起「反對美英侵略伊拉克戰爭聯合行動」，在 AIT 前舉行反戰集會，提出「弱勢反戰 LGBT 反戰」訴求。
		2月，公視《孽子》在八點時段播映刪減版，同志諮詢熱線及性別人權協會在紅樓共同發起「穿出七零年代 同志風華服裝秀 呼籲公視八點檔播映孽子完整版」行動。
		3月，「教育部國語辭典毀人不倦」記者會，由台灣性別人權協會、TG 蝶園、同志諮詢熱線、愛滋感染者促進會、日日春關懷互助協會、性別平等教育協會共同召開，揭露教育部國語辭典充滿性別偏見與歧視，要求立即停止發行並修訂內容。
		3月，台灣性別人權協會與國際男女同性戀人權委員會（IGLHRC）共同主辦「性別人權運動組織訓練營」，共有 10 個運動團體、49 人參加。討論主題為：邁向一個網路言論性自由的運動、跨性別運動的形成與發展。
		4月，因中央大學性／別研究室動物戀網頁事件，性別人權協會結合學術界、社會運動界，舉辦「性恐慌下的學術白色恐怖」座談會，並發起「學術研究和網路言論的自由空間必須保障」連署行動。
		5月，「破蛹成蝶─林國華追悼會」在林國華自殺死亡頭七舉辦，由台灣 TG 蝶園、性別人權協會、同志諮詢熱線、中央大學性／別研究室發起，悼念承受社會壓力與歧視的變性人林國華。
		11月，首屆台灣同志遊行「看見同性戀」。遊行路線自 228 公園走至西門町紅樓，約五百至千人共同參與。
		12月 7 日，副總統呂秀蓮表示，愛滋病是老天看不下去的譴責，並且應該於北中南設置隔離的愛滋村（愛滋天譴說），歧視言論遭愛滋及人權團體抗議。
		12月，針對立委侯水盛的「同志亡國論」，台灣同志運動團體、愛滋感染者團體及人權、社運團體共同發表聲明，指責立委荒謬言論與執政黨「人權立國」口號相違。
		12月，同志諮詢熱線出版《親愛的爸媽，我是同志》，並開始舉辦父母親子座談，開啟同志兒女與父母對話的組織與開端。

年分	組織	集結・運動事件
2004	5月，台灣首個 BDSM 團體「皮繩愉虐邦」成立，倡議性別平等及多元情慾，後期亦從事多元情慾藝術展演。	1月，晶晶書庫遭「查扣相關猥褻刊物」偵結，負責人賴正哲被依妨害風化罪嫌起訴。晶晶書庫、性別人權協會、同志諮詢熱線、反對假分級聯盟等團體於3月共同舉辦「《天邊一朵雲 滿天都是鳥》晶晶書庫男體雜誌猥褻？」記者會抗議。 1月17日，北市警局荷槍帶大批媒體進入農安街男同志性愛派對，帶回 93 名男同志偵訊並驗尿驗血。過程中警方禁止當事人穿衣，讓同志僅著內褲被媒體拍攝，連續數日媒體大篇幅聳動報導。一星期後檢驗出 28 名愛滋感染者，衛生署主動比對、公佈名單，依愛滋防治條例第十五條移送地檢署。過 3 個月空窗期後再驗，感染者人數一樣 28 名。同志團體抗議警方未遵守偵察不公開。 3月，「反對校園身體規訓 尊重多元性別表現」記者會，針對金甌女中限制女同學短髮規定及違規處分，由各性別、婦女團體及台大浪達社、中學生權利促進會與台北律師公會婦女問題研究委員會共同發起，指稱校園違反教育對人權、以及多元性別尊重的理念。 4月，民間團體發起「友善校園」運動，強調對學生人權的尊重。 5月，同光同志長老教會於設立八周年會上，舉行封立台灣第一位同志牧師之按牧禮拜，有四位牧師共同為曾傳道師舉行按頭封立為同志牧師暨就職。
2004	8月，「拉拉手協會」成立，由一群社工心理背景的工作者創立，專門提供女同志成長、生活及交友服務。	6月4日，立院三讀通過「性別平等教育法」，首度將性傾向保障明文納入法條，保障不同性傾向、性別特質學生之受教權。2005.6 再通過「性別平等教育法施行細則」，明訂「同志教育」納入性別平等相關課程。 6月，台灣第一部扮裝皇后電影「豔光四射歌舞團」，由周美玲執導，獲得「2004 溫哥華國際影展」龍虎獎競賽，及入選「2004 韓國釜山國際影展」亞洲之窗單元。 8月，三立電視台以偷拍手法及偏頗詮釋報導女同志，引起同志及人權團體發起網路連署，並赴三立電視台抗議。 8月，台灣基督長老教會出版《同性戀議題研究方案報告書》，方案執行者除了教會成員，亦包括台灣性別人權協會秘書長王蘋、台大朱偉誠教授、兒福聯盟執行長葉大華等人。

年分	組織	集結・運動事件
2004		12月，針對台灣「出版品及錄影節目帶分級辦法」上路，性別運動團體、學界、校園社團、出版社等組織共同組成「反對假分級制度聯盟」，發起連署抗議，要求維護出版、言論、創作及閱讀自由。
2005	5月，「全國邊緣同志口述歷史工作小組」成立，從事邊緣同志口述歷史及社會運動，分為四區共五個小組，包括關注老年同志的北區小組（台灣同志諮詢熱線老年同志工作小組）、關注女同志媽媽的北區新竹小組、關注男同志家庭與愛滋同志的中區小組、關注原住民同志的南區小組與東部小組（草海同陣線聯盟）。	4月，多個同志、跨性別、婦女及人權團體在立法院召開「正視多元性別特質修法保障工作權益」《兩性工作平等法》修法聯合記者會，提議將《兩性工作平等法》中關於性別歧視的相關條文加入「性傾向或性別特質」工作權之保障。
	5月，「女同志媽媽聯盟MSN社群」借同「北區邊緣同志口述歷史工作小組」成立，目的在凝聚女同志媽媽的認同，並提供計畫生育、成立家庭的女同志可參考的經驗及資訊。	4月，立委侯水盛等人連署推動「後天免疫缺乏症候群防治條例」修法，刪除法中明文保障愛滋感染者就學、就業、就醫的規定。引發權促會、台權會等廿多個民間團體不滿抗議。
	6月，台灣同志諮詢熱線協會在高雄設立南部同志諮詢專線。	5月17日為國際組織訂定的「反恐同日」，同志諮詢熱線協會、性別人權協會在台北市228紀念公園舉行「卸下畏懼，迎向彩虹」燭光活動。
	8月，淡江大學正式成立「男同性戀文化研究社」。	6月，晶晶書庫販售香港合法的男體寫真雜誌被控妨礙風化，官司纏訟兩年，負責人賴正哲被法院宣判有罪，拘役50日或以罰金代替。對此，大量同志及性別相關團體、學者聲援抗議。
	10月，社團法人台灣青少年性別文教會（簡稱「好性會」）成立，以尊重多元的精神，藉青少年、性與性別議題，進行文化、學術、教育上的交流。	6月，姊妹電台情人節晚間播出女同志主體發聲節目「拉子三缺一」而受罰，提起行政訴訟獲判無罪，電台借同立法委員及民間團體、司法與媒體改革學者共同舉辦「叫春無罪」記者會。
		8月，第一本同志團體出版的男同志性愛手冊《男同志性愛達人・完全做愛手冊》由同志諮詢熱線愛滋小組累積兩年愛滋防治實務工作經驗為基礎編製出版。
		8月，性別人權協會主辦亞洲拉子影展，為亞太區域第一次以女同志為主的影展，共10個國家、31部國際影片參展。
		9月，針對衛生署訂定「捐血者健康標準」草案提到男同志及性工作者永不得捐血，引起同志團體反彈與不滿，前往衛生署陳情抗議。
2006	12月，台灣同志諮詢熱線成立「櫃父母同心協會」，以同志父母的身分正式對外發聲，服務父母及同志族群。	6月，第十屆女同志運動會雷斯盃因「生理性別為女性」成為明文資格限制，遭同志社團抗議，當屆主辦單位中部同心圓後來表示此規則不適宜，並且為此致歉。

年分	組織	集結 · 運動事件
2006		6月，經三年纏訟，晶晶書庫因販售男體寫真集，負責人賴正哲遭判刑定讞，20多個團體連署並前往司法院開記者會，連署團體認為，該項判決戕害同志和成人情慾閱讀權，將聲請大法官解釋，要求明確定義刑法第235條條文的「猥褻」。
		10月，大法官會議做出釋字617號解釋，認同為維護社會多數共通之性價值秩序必須得以法律加以限制，刑法第235條並沒有違背憲法比例原則保障言論自由本旨。大法官許玉秀則在不同意見書直言：這是比之前407號解釋更落後、充滿歧視的憲法解釋。
		9月，第四屆台灣同志大遊行，由於活動前宗教團體連署抵制，反向刺激同志社群，遊行參與人數首次突破萬人，並在終點站華山文化園區舉辦同志集體婚禮，有四對女同志成婚，並邀請台灣第一位出櫃的牧師曾牧師陪伴及證婚。
		第四屆台灣同志遊行由台北松山菸廠遊行至華山藝文特區，事前宗教團體開記者會抵制，遊行人數空前，參加者首次破萬人，成為全亞洲最大規模同志遊行。同時舉行台灣首次公開的同志集體婚禮。由曾牧師證婚，作家許佑生及夫婿葛芮、律師王如玄、學者何春蕤、王增勇、立委鄭運鵬、市議員林奕華、戴錫欽等人共同為四對新人證婚。
		10月，台北地院判決社區有權依據規約，驅逐收容愛滋患者的「關愛之家」。愛滋感染者權益促進會發表「合法排斥？這就是歧視！」聲明，多個愛滋、性別、人權團體參與連署，關切此判決將對愛滋人權、族群平等與司法正義產生強大挫傷。
2007	6月，台灣第一個雙性戀社團「Bi the Way · 拜坊」成立，期許凝聚雙性戀主體力量，與性少數團體合作，和主流社會展開溝通。分北中南三小組，並有由心理諮商專業成員組成的諮詢小組。	
	9月，「同志家庭權益促進會」成立，由「女同志媽媽聯盟MSN社群」重新定位後改組，關注視角擴展到更多元的同志家庭，包括人工生殖權、同志領養權等。	

年分	組織	集結‧運動事件
2008	4 月，作家邵祺邁獨資創立台灣華文男同志出版社「基本書坊」，為華人市場唯一專營男同志讀物的出版社。 9 月，台灣第一個身心障礙同志團體「殘酷兒」，在第六屆台灣同志大遊行上首度亮相。 11 月，「國際陰陽人組織 - 國際中文版」由陰陽人丘愛芝創辦，在第四屆國際陰陽人團結日推出，為國際陰陽人夥伴提供交流資訊平台。	1 月，「彩虹自主同志選舉行動」記者會，由「同志選舉觀察團」舉行，組成單位包括性別人權協會、晶晶書庫、台灣同志遊行聯盟、同志諮詢熱線等，邀請同志拒投爛立委、跳脫藍綠，並支持首次結盟的綠黨與火盟。 6 月，由大塊文化發起的「我們的希望地圖」一書，針對即將到來的總統大選，搜集全台公民的希望，邀請專家學者提出報告，其中，落實同志人權保障獲選 TOP 10。 8 月，台灣同志諮詢熱線與 TG 蝶園合作，成立跨性別「皓日專線」，提供跨性別社群諮詢服務，以協助處理跨性別者在生活中面臨的種種問題。
2009		3 月，針對台北市大安區立委補選，同志社群集結共組「彩虹公民行動聯盟」，依照候選人對同志議題的關切及政見等，公布集體推薦候選人，並向大安區同志進行催票行動。 10 月，台灣師範大學公館校區由師大性壇社等師大團體串聯，發起「性教獄─同志小遊行」，高喊「還我宿舍打砲權，解放師大性教育」口號，抗議校園中因學生於男生宿舍發放保險套，進而引發的歧視同志事件。 10 月，由娛樂單位女帝及台北女同志酒吧 Taboo 聯手推出「Miss Mr. 中性定調選拔」12 強見面會，企圖將中性女同志推至演藝圈。 11 月，原先以工運為主體的「秋鬥再起」大遊行，諸多性別團體帶著彩虹旗加入隊伍，象徵從性別到階級的跨運動結合。
2010	3 月，「熊學會」成立，由一群以熊族組成的社團，支援各種弱勢性別平權運動。	3 月，台北市議會審理台北同志公民運動預算時，出現歧視同志言論，政府更將歧視言論發函給台北市國高中職。同志與性別相關團體與民眾聯署抗議，向市政府與議會表達抗議。 4 月，台北市民政局與教育局發函要求各級學校「監督校園同志社團、防止誘導吸收學生，從事同志交誼等活動」，引發同志、性別及人權團體抗議，並至監察院舉發。 10 月，第八屆台灣同志遊行「投同志政策一票 Out and Vote」在凱達格蘭大道前展開，為首次同志大遊行主題直接回應選舉及同志政策。 12 月，華文世界第一本老年同志口述歷史出版品《彩虹熟年巴士：12 位老年同志的青春記憶》（基本書坊出版）由同志諮詢熱線協會歷經五年採訪製作，開啟台灣同志運動關注老年同志議題的行動。

年分	組織	集結・運動事件
2011	1月，台灣青少年性別文教會（好性會）建立「同志諮詢專業人員資源網」，提供青少年與同志社群友善諮詢的管道。 2月，台灣愛滋行動聯盟成立，由愛滋感染者權益促進會、同志諮詢熱線協會、露德協會、帕斯堤聯盟、愛之希望協會、小YG行動聯盟、懷愛協會、世界愛滋快樂聯盟組成，針對官方計畫向感染者收取愛滋藥費部分負擔政策，舉辦公聽會並提出政策監督。 4月，台灣關愛之家成立基金會，作為關愛之家日後成立兒少機構與養護機構的基礎。 7月，原「櫃父母同心協會」更名「同志父母愛心協會」，是亞洲第一個由同志父母團體立案的單位。 10月，台灣第一個殘障同志團體「殘酷兒展異團」（簡稱殘酷兒）正式立案，為結合殘障與同志雙重汙名的主體。	4月，教會以「真愛聯盟」為名發起「反對教育部在國小國中性別平等教育中納入同志教育」連署，訴求家長與教師反對實施多元性別教育。多個性別相關團體及個人共組「友善台灣聯盟」齊聲譴責。教育部於7月舉辦八場公聽會，決議修正多元性取向課綱，並停發遭批評的補充教材。
2012	1月，原「行政院婦女權益促進委員會」擴大為「行政院性別平等會」（簡稱性平會），由性別平等處擔任性平會幕僚工作，統合跨部會各項性別平等政策，督導中央各部會及地方政府落實性別主流化。首屆性平會委員包括出櫃同志台灣性別人權協會秘書長王蘋。 4月，以多人家庭與彩虹生態集村實驗的農場「土拉客」籌備成立，為台灣首次以非血緣非親密關係為生產單位的女同志成家實驗。 8月，「台灣伴侶權益推動聯盟」正式立案，在立案前公布聯盟研議的「婚姻平權、伴侶制度、家屬制度及收養」民法修正草案，俗稱「多元成家三法」。 9月，「跨性別倡議站」成立運作，組織核心為倡議跨性別議題（包含部分女性主義及女同志）。	8月，釋昭慧法師為兩位女居士在桃園縣觀音鄉弘誓學院主持婚禮，為台灣首次佛化同志婚禮。 10月，第十屆台灣同志遊行「革命婚姻──婚姻平權，伴侶多元」，為首次同志遊行突破五萬參與人數大關，並接力展開一個月的環島活動，邀請全台共20個社運團體與民眾自發性組織參與。

年分	組織	集結‧運動事件
2013	5 月，自 2006 年起即協助許多兒少法 29 條受害者、由「大汗」成立的「兒少法 29 條受害者研究會」，轉型台灣酷兒權益推動聯盟，召開會員大會正式成立。持續關注「兒少法」修法，以及性少數精障者權益議題。	9 月，台灣伴侶權益推動聯盟在凱達格蘭大道舉辦「多元成家、決戰立院，九七凱道、造勢伴桌」，席開 120 桌，近 1500 人到場，支援聯盟提出的「婚姻平權、伴侶制度、家屬制度及收養」民法修正草案。
		10 月，台灣伴侶權益推動聯盟向立法院提出「婚姻平權、伴侶制度、家屬制度及收養」民法修正草案，其中「婚姻平權（合同性婚姻）草案」首先獲得足夠提案立委人數的連署，通過一讀。
		10 月，台灣以勞動權益報導起家的「苦勞網」推出「想像不家庭」專欄，對社會運動中性別主流化提出反思的評論報導。
		11 月，由下一代幸福聯盟號召的 1130 大遊行，以「我要有爸爸有媽媽的家」為名，反對台灣同志婚姻合法化。
		12 月，由性別人權協會、中央大學性／別研究室、苦勞網共同主辦的「想像不家庭」座談會，針對爭取同志婚姻合法化的運動趨勢提出檢討與批評。
2014	4 月，由愛滋及同志團體組成的愛滋修法聯盟成立，關注台灣愛滋相關法律修法，提出民間團體意見並對立委進行修法遊說。除支持官版廢除限制外籍感染者出入境規定，並提出回歸健保意見。於 2015 年 2 月正式通過立院三讀修法總統公告。	6 月，「《性別平等教育法》實施十週年總體檢」記者會，由民間社團（台灣性別平等教育協會、同志諮詢熱線協會、婦女新知基金會、台灣女性學學會、台北市女性權益促進會、台大學生會性工坊 & GLAD）共同舉行，批判性別平等教育開倒車的七大問題。
	5 月，由《LEZS》雜誌總編王安頤號召年輕人，共同成立「同志人權法案遊說聯盟」（簡稱同盟），並在網路成立「同志人權立場觀測站」，督促立委及五都市長參選人表態，旨在推動同志婚姻合法化、同志友善企業、鼓舞同志出櫃。	10 月，「婚姻平權 彩虹圍城」由台灣伴侶權益推動聯盟主辦，號召兩萬人聚集立法院外，要求立法院盡速審議婚姻平權法案。
	9 月，第一屆台灣酷兒影展開跑，由台灣國際影音與教育協會主辦，選入同性戀、跨性別、雙性戀題材電影。隔年建立亞洲酷兒影展聯盟。	10 月，第十二屆台灣同志遊行「擁抱性／別 認同差異」，遊行聯盟估計參與人數六萬五千人。反同志婚姻的團體－台灣守護家庭聯盟、守護家庭大聯盟亦先後的召開記者會，首次批判同志遊行。
2015		10 月，第六屆國際同志聯合會亞洲區域雙年會（ILGA ASIA）在台北展開，由同志諮詢熱線承辦，超過 30 個國家的民間團體共同分享各自的運動實踐經驗與困境。

年分	組織	集結・運動事件
2016	11 月，為推動婚姻平權法案修民法，由台灣同志諮詢熱線協會、婦女新知基金會、同志家庭權益促進會、台灣同志人權法案遊說聯盟、酷摩沙獎等共同組成的「婚姻平權大平台」，正式成立。 11 月，在反同、反同婚宗教勢力大動作阻擋同婚民法修法之際，同志社群透過臉書社團組成「婚姻平權小蜜蜂」，吸引大批過去未參與團體者加入。在各地進行不定期街頭開講，向市民宣傳婚姻平權。	10 月 16 日，台大外文系退休法籍講師畢安生，在相伴 35 年伴侶曾敬超癌症過世後一年，選擇墜樓身亡。生前任教台大 25 年、曾為侯孝賢及蔡明亮電影翻譯法文推廣至法國的畢安生，自殺身亡新聞震驚台灣社會，引發關注同志婚姻議題。2017 年 10 月 16 日，畢安生逝世周年，由婚姻大平權平台在凱道舉行「再也等不到─我們都是畢安生 紀念晚會」。 11 月，針對《民法》修正案與立委提出的另立專法，在第二場公聽會時，同志團體透過網路號召近萬人上街，對國民黨施壓，拒絕另立特別法。 12 月 10 日，「婚姻平權大平台」主辦凱道音樂會，超過 25 萬支持婚姻平權的民眾集結。各地同志團體及支持民眾自發捐款租用遊覽車，組織各地群眾北上參與。此次集會堪稱台灣同志運動 30 年來，空前最大規模支持力量的展現。 12 月，下一代幸福聯盟舉行凱道集會，訴求「婚姻家庭全民決定，子女教育父母決定」，號召約十萬人穿著白衣上凱道，與婚姻平權小蜜蜂發生零星衝突。 12 月 26 日，歷經反同團體 2016 年 11 月 18 日發動 2 萬人包圍、衝入立院阻擋審查法案，迫使立院於 11 月 24 日及 28 日加開兩場公聽會，有關同志婚姻民法修正案，完成一讀通過。「婚姻平權大平台」舉辦「爭取婚姻平權，用愛守護立院」號召而來的 3 萬名挺同婚人士，在立院外激動歡呼。
2017		5 月，「點亮台灣，亞洲燈塔─ 524 婚姻平權再戰立院」活動，針對同婚釋憲案，由同志團體號召舉辦。大法官釋憲結果，宣告民法排除同性婚姻違憲，要求有關機關在兩年內修正或制定法律，立法屆時未完成，同志依民法規定可至戶政機關辦理結婚登記。消息一出，挺同團體歡聲雷動。 5 月 24 日針對祁家威向台北市府申請同志婚姻登記遭拒而提出的釋憲申請，大法官會議做出第 748 號解釋，宣告現行《民法》親屬編婚姻章，牴觸《憲法》保證平等權與婚姻自由精神，要求立院兩年內儘速修正，若未完成，兩年後同性伴侶可逕自去戶政機關登記，並享有《民法》保障的配偶關係效力。 9 月，台北市政府擬修改性平會組成要點，在原有「家長會及教師會代表 7 席」之外，再增 4 席家長代表。引發此次增加家長代表之議，來自反同宗教勢力與市議會部分議員聯手施壓結果。不只台北市，反同宗教勢力也在其他地方議會及 12 年國教課網公聽會場合，阻擋性平教育，甚至以檢舉、抹黑、控告手法，打壓支持同志教育的資深教師。

台灣同志文學年表
(1961-2017)

邵祺邁等整理

本年表以邵祺邁、林寒玉於 2011 年 8 月號《聯合文學》整理的〈台灣同志文學及電影大事紀〉為基底刪修當時錯漏，並參考紀大偉《同志文學史：台灣的發明》增補至 2017 年 10 月，內容包含同志文學出版記事，且概要記述內容或重要性。因時間跨幅甚大，文學作品浩如淵海，唯恐掛一疏漏萬，來日有待四方賢達指正補充。

年月	說明
1942	7 月，楊千鶴中篇小說〈花開時節〉，描述校園女學生曖昧情懷。
1960	10 月，聶華苓翻譯紀德《遣悲懷》，撰寫文章〈紀德與遣悲懷〉探討同性戀，刊於《聯合報》。
1961	姜貴長篇小說《重陽》，描寫國民黨和共產黨青年間意識形態與曖昧情愫。書名點出男男戀題旨，也暗喻國共之間的愛恨糾葛。
1963	郭良蕙長篇小說《青草青青》，描寫青少年男同志情愫，持平描寫娘娘腔與同性愛的態度，在 1960 年代前後都極少見。
1968	9 月，林懷民首部短篇小說集《變形虹》出版，收錄〈安德烈 · 紀德的冬天〉，描寫中年男同志藝術家和同志少年間的戀情。隔年林懷民出版中短篇小說集《蟬》，其中〈蟬〉描寫 1960 年代的大學生生活，人物之一為男同志。
1971	歐陽子短篇小說集《秋葉》出版，其中〈最後一節課〉、〈素珍表姊〉、〈近黃昏時〉內含同性愛與情慾，為評論者白先勇、范銘如、張誦聖指認。
	1971 年白先勇中短篇小說集《台北人》由晨鐘出版。1983 年 4 月，由爾雅新版，收錄前版沒有的〈滿天裡亮晶晶的星星〉、〈孤戀花〉兩篇分別描寫男女同性情誼的小說。〈孤戀花〉於 1985 年、2005 年陸續被改編為電影及電視劇。
1974	11 月，白先勇的短篇小說集《紐約客》由香港文藝書屋出版，以紐約為背景、描寫旅居美國的第二代台人失落感與疏離感。爾雅出版社 2007 年重新出版《紐約客》，收錄 2002、2003 年發表的〈Danny Boy〉與〈Tea for Two〉兩篇男同志小說，觸及愛滋議題。
1976	5 月，光泰長篇小說《逃避婚姻的人》出版。光泰是台灣 1990 年代之前，少數以男同性情慾為創作主題的作者。《逃避婚姻的人》於 1976 年 2 月至 4 月間在《中國時報》家庭生活版連載，有人將它歸於「社會奇情」小說，轟動一時。

年月	說明
1976	光泰以同志為題的作品包括小說《夢幻快車》(1988 年晨星出版，1995 年號角出版，改名為《慾望列車》)、回憶錄《裸的告白》、短篇小說集《我的黑夜比白天長》寫泰國男孩的同性戀愛等。
	12 月，白先勇短篇小說集《寂寞的十七歲》出版，其中〈月夢〉、〈青春〉、〈寂寞的十七歲〉三篇觸及男同志情慾與新公園地景。
	玄小佛長篇小說《圓之外》出版，書寫 T(Tomboy) 女同志生命史的先鋒之一。
	符兆祥短篇小說集《夜快車》收錄〈新南陽街拆了〉、〈找顏色的女人〉，刻劃同性愛慾。
1977	朱天心自傳體小說／手記《擊壤歌：北一女三年記》出版，描寫高中女校內外同學們的情誼。朱天心日後創作的小說〈時移事往〉、〈浪淘沙〉、〈春風蝴蝶之事〉等，都觸及了同志情節，帶有純愛、理想的女同志情愫。
	叢甦短篇小說集《想飛》出版，其中〈想飛〉描寫台灣男同志至美國和美國男同志陷入同性情慾後，跳樓自殺的故事。
	李昂短篇小說〈莫春〉看似書寫男女關係，實則偷渡女同性戀的感情故事，後收錄在《人間世》。
1978	郭良蕙長篇小說《兩種以外的》(又稱《第三性》)出版，描寫中產階級女同性戀的多元文化面貌，可謂描寫 T（Tomboy，在此書首稱湯包）女同志生命史的先鋒之一。
1979	陳映真短篇小說〈纍纍〉後收錄在《上班族的一日》，描寫男男曖昧慾望。
1982	7 月，《席德進書簡——致莊佳村》出版，收錄畫家席德進寫給新竹鄉下純樸少年莊佳村書簡共 72 封，信中盡露對莊的摯情告白。莊佳村是他著名畫作「紅衣少年」的模特兒，書信寫於 1963 年 6 月至 1966 年 6 月間。2003 年 7 月，鄭惠美將席德進 1940 年至 1960 年間的日記，匯集整理成《上裸男孩：席德進四〇至六〇年代日記選》，透露了藝術家更多情愛掙扎。
	蕭颯短篇小說〈迷愛〉後收錄在《死了一個國中女生之後》，描寫女同性戀到美國追求愛情，最後生命走向毀滅的故事。
1983	3 月，白先勇以男同志為題的長篇小說《孽子》出版。本書被視為台灣文學第一本男同志文學經典，描寫不同年齡、階級、族群男同志圍繞台北新公園的甘苦生活。《孽子》於 1986 年改編為電影，由虞戡平導演，2003 年改編為電視劇，由曹瑞原導演，於公共電視播出。2014 年再改編為舞台劇，亦由曹瑞原導演。白先勇接受香港《Playboy》中文版 1988 年 7 月號專訪，首度談及同志身份，被認為是一次婉轉的現身。訪談全文收錄於《第六隻手指》。日後所出版的散文集《第六隻手指》、《樹猶如此》等，透露作家的成長與情感經歷。獻給摯友王國祥的〈樹猶如此〉，書寫兩人之間從高中時期起、相遇相知逾四十年的情誼。
1984	1 月，馬森長篇小說《夜遊》出版，敘述到加拿大留學的台灣女子，出走婚姻後的見聞，包含男女同性戀、雙性戀等描寫。同年 5 月馬森出版的短篇小說集《海鷗》，也收入多篇描寫少年男體的小說，男同志情慾濃厚。

年月	說明
1985	9 月，「聯合文學」舉辦「文學、藝術、與同性戀」座談會，並於《聯合文學》雜誌第 15 期（1986 年 1 月）刊出座談會特輯。
	本次座談會為台灣首次舉行的同志文學相關主題座談會，邀請醫師文榮光、鄭泰安，作家高陽、白先勇、瘂弦，影評人李幼新，學者李歐梵、蔡源煌等人從不同角度切入討論。此次座談會從文學、藝術的角度切入，對同性戀與文學表現賦予正面評價，實有其意義。
1986	3 月，顧肇森短篇小說集《貓臉的歲月》出版，其中〈張偉〉描寫一位男同志在台灣自我壓抑，赴美後才得以舒解情慾之事，是 1990 年代前男同志圈中膾炙人口之作。而後於 1989 年出版《月升的聲音》收錄〈去年的月亮〉、1991 年《季節的容顏》收錄〈太陽的陰影〉，描寫台灣男同性戀與女同性戀至美國追夢的同志故事。
	9 月，陳若曦長篇小說《紙婚》出版。描寫中國女子在美國為了得到綠卡，而與白人男同志假結婚，近身觀察愛滋議題。
1988	3 月，陳映真小說集《鈴璫花》出版，其中〈趙南棟〉、〈鈴璫花〉描寫了男男曖昧慾望。
	5 月，西沙短篇小說集《錯愛》出版，收錄八篇與男同志、男男曖昧慾望有關故事。西沙著有多本通俗言情小說，其中許多處理了男同志題材。
1990	4 月，陳燁短篇小說集《孤獨和年輕總是睡在同一張床上》收錄了十餘篇各自獨立、以中學生為主角的小說，其中〈彩虹紋身〉描寫一個女同志學生的單戀、〈玫瑰的憂鬱〉描寫兩個男同志學生的聚散故事。
	7 月，朱天文短篇小說集《世紀末的華麗》出版，其中〈肉身菩薩〉是男同志小說，被評論者認為是日後長篇小說《荒人手記》的前奏。
	8 月，藍玉湖短篇小說集《薔薇刑》出版。藍玉湖生於 1968 年，本名朱偉欽，出版過數本詩集。出版《薔薇刑》時僅 22 歲，書內附了多幀黑白裸照，在當時引發社會熱烈討論和抨擊。《薔薇刑》書名取自三島由紀夫的攝影集，其中〈夏豔沙拉〉和〈死的變形〉兩篇有男同志情節。之後藍又出版小說集《狂徒袖》、《愛人》、《鬱卒》、《相愛的肩膀》均有露骨的男慾，詳實描繪當年的同志空間，如新公園、酒吧、三溫暖等。1991 年 11 月 5 日藍玉湖因情殺身亡，得年 23 歲。
	12 月，凌煙長篇小說《失聲畫眉》獲自立報系百萬小說獎，書寫歌仔戲班的生活，與熾烈的女同志情愛。
	由陳銘磻主持的號角出版社、旺角出版社，在 1990 年代出版多種同志相關書籍，如黃惑短篇小說集《男體遊戲》、光泰短篇小說集《我的黑夜比白天長》。自己出版《危險男人香》、《同志吃喝育樂指南：臺灣第一本同志生活行動與心理諮詢書》，由大慶出版《出櫃：同性戀的美麗與哀愁》；報導文學〈臺灣吹男風〉，後收錄在《陳銘磻報導文學集》，從各種理論及現象探討台灣男同性戀的過去現在，記錄他們一路走來的歷史與心情。
1991	12 月，郭玉文編《紫水晶──當代小說中的同性戀》出版，這是目前已知的第一本台灣同志文學選集，由於所選小說的授權問題，此書未上市就遭回收。收錄的八篇小說多數以男同志為題，包括司馬素顏（許佑生筆名）〈岸邊石〉、江中星〈流星曲〉、西沙〈化妝的男孩〉、葉姿麟〈廢墟〉、黃啟泰的〈黑狗奇遇記〉、藍玉湖的〈薔薇刑〉、顧肇森的〈張偉〉，以及唯一和女同志明顯相關的梁寒衣的〈唇〉。

年月	說明
1991	曹麗娟〈童女之舞〉獲聯合報短篇小說獎首獎，描寫一對青春正盛的女孩對友情與愛情的探索。1998年小說集《童女之舞》，收錄〈童女之舞〉、〈關於她的白髮及其他〉、〈斷裂〉、〈在父名之下〉四篇女男同志小說。2002年〈童女之舞〉改編為電視劇，於公共電視上映。
1992	3月，許佑生首部短篇小說集《懸賞浪漫》出版，其中〈岸邊石〉描寫台灣男同志和中國男同志在美國相戀的故事。許佑生於1996年與伴侶葛瑞舉辦公開同性婚禮，為台灣同運中極具意義的里程碑。許佑生的作品如長篇小說《男婚男嫁》、散文《但愛無妨》、《優秀男同志》、《同志共和國》等均環繞同志議題書寫。此外，他也整理古今中外同志名人事略而成兩冊《同志族譜》，撰寫性愛工具書《口愛》、《愛我就SM我》，並以亞瑟潘為筆名撰寫男色小說系列。2014年出版《摯愛20年》，撰寫與葛瑞相伴20年的點滴。
	3月，林裕翼短篇小說集《我愛張愛玲》出版，其中〈白雪公主〉、〈粉紅羊齒角樹上的少年〉兩篇描寫女男同志小說。
1994	3月，林俊穎短篇小說集《是誰在唱歌》出版。收錄〈美麗的空屋〉等多篇具有男同志意味的小說。林俊穎後來的其他作品如《夏夜微笑》、《焚燒創世紀》均處理了同志題材。
	4月，台灣第一家女性主義書店「女書店」開幕，而後也經營出版女性主義相關書籍的女書文化。2017年7月，結束書店經營，剩下出版部。
	5月，邱妙津長篇小說《鱷魚手記》出版，書中直接呈現女同志生活，用語如「拉子」、「鱷魚」至今通行台灣內外的女同志社群。1995年6月邱妙津在巴黎自殺身亡。代表作包括《鬼的狂歡》、《寂寞的群眾》、《蒙馬特遺書》等。2007年由友人整理其日記，出版《邱妙津日記》。
	6月，朱天文長篇小說《荒人手記》獲《中國時報》第一屆百萬小說創作獎，並由時報文化出版成書。本書被視為《孽子》之後台灣最重要的男同志小說，圍繞著中年男同志主角的回憶與現下生活所寫。2011年由新經典文化重出新版。
	蘇偉貞長篇小說《沉默之島》獲《中國時報》第一屆百萬小說評審團推薦獎，並由時報文化出版成書。本書描寫異性戀女性沉浸於多重性伴侶，並恐懼男同性戀帶來的愛滋議題。2001年聯經重新出版；2014年由新經典文化重出新版。
	11月，李岳華〈紅顏男子〉獲《聯合報》短篇小說獎，後收錄在短篇小說集《紅顏男子》。全書收錄四篇男同志情愛主題的小說，頗得同志族群共鳴。
	《島嶼邊緣》雜誌第九期與女同志刊物《愛福好自在報》合併刊出，第十期製作同志專題，「酷兒專輯」將「Queer」轉譯為「酷兒」，開啟台灣的酷兒論述。
	董啟章〈安卓妮〉獲聯合文學小說新人獎首獎，後於1996年與〈少年神農〉和〈聰明世界〉合輯為短篇小說集《安卓珍尼》。隔年董啟章又以長篇小說《雙身》獲聯合報文學獎長篇小說特別獎，1997年出版成書，以陰柔語調敘說男人如何變為女人。
	李幼新（李幼鸚鵡鵪鶉）論述《男同性戀電影》出版，呼應1990年代密集引進台灣的同性戀主題電影。

年月	說明
1995	1 月，陳克華詩集《欠砍頭詩》出版，其中〈肛交之必要〉描述男同志的親密關係。2004 年陳克華遭威脅公開同志身份，後又遭媒體渲染。兩年後他發表〈我的出櫃日〉一文，抗議媒體剝奪他自由出櫃的權利，並正式公開出櫃。其後作品如詩集《BODY 身體詩》、《乳頭上的天使：陳克華情色詩選，1979-2013》；散文《我的雲端情人》、《樓下住個 GAY》，均以同志身分及視角創作。
	3 月，洪凌短篇小說集《肢解異獸》、《異端吸血鬼列傳》出版，其作品充滿了科幻、神話、同性愛慾等元素。
	9 月，陳雪首部作品，短篇小說集《惡女書》出版，以第一人稱告白體，直寫女同性戀充滿罪惡感卻又耽溺其中的情慾，迅速受到注目和歡迎。後陳雪再出版小說《蝴蝶》、《陳春天》、《惡魔的女兒》、《愛情酒店》、《迷宮中的戀人》等作，成為當代台灣女同志文學最重要的作家。2012 與伴侶早餐人合著《人妻日記》，正式宣告已婚／有伴身分。另著有散文集《台妹時光》、《戀愛課：戀人的五十道習題》、《像我這樣的一個拉子》。
	9 月，紀大偉以中篇小說〈膜〉獲《聯合報》中篇小說獎，為女女科幻題材小說，1996 年由聯經出版。紀大偉是台灣酷兒小說的代表作家，1995 出版首部短篇小說集《感官世界》，在創作外，將外國同志／酷兒文本和電影譯介入台灣，另編有《酷兒狂歡節：台灣當代 QUEER 文學讀本》、《酷兒啟示錄：台灣當代 QUEER 論述讀本》。2011 新版《膜》由聯經出版，收錄 1998 年時報版的短篇小說集《戀物癖》，以及〈早餐〉、〈去年在馬倫巴〉兩篇小說。
1996	1 月，《自立早報 ‧ 男男女女》於每周三設有「同志公園」專版，包含「閱讀區」、「藝文徒步區」、「同志字典」等專欄。
	3 月，杜修蘭長篇小說《逆女》獲第一屆皇冠百萬大眾小說獎。主角幼年受盡家庭壓力，成年後放肆享受女同志的另類家庭和夜間歡愉。2001 年 8 月，改編電視劇，於台視播出，為台灣第一齣女同志題材的電視劇。
	6 月，香港同志出版社「華生書店」出版創業作《他他她她的故事》，由盧劍雄編，收錄 12 篇來自兩岸三地的男女同志小說。日後華生又出版了一系列同志小說，作者分別來自香港、台灣及中國，包括《妹妹晚安》、《小摩》、同志導演崔子恩的《桃色嘴唇》、《三角城的童話》、《好男羅格》，以及《華人同志新讀本：1998 華人同志交流大會文集》等書。此社現已歇業。
	6 月，第一本商業同志刊物《G&L 熱愛》創刊。初期定位為綜合性男女同志雜誌，幾經調整後更名為《Good Guy》，內容以休閒、寫真為主。此外，《G&L 熱愛》隸屬的熱愛出版事業公司也出版專書，如收錄首屆同志文學獎作品集的《樓蘭女與六月青》，由安克強主編；小說選《青春放歌》、《愛戀無悔》等，亞力山大長篇小說《惡水》、《荒蕪的你》、唐果樹小說《春城》等。
	9 月，吳繼文改寫男同志古典文學《品花寶鑑》的長篇小說《世紀末少年愛讀本》出版。1998 年《天河撩亂》出版，描寫男同志以性換錢的生活，2017 年 10 月，由寶瓶新版。
	10 月，朱少麟長篇小說《傷心咖啡店之歌》出版，男主角為雙性戀。

年月	說明
1996	12 月，第一家專門出版同志書籍的出版社「開心陽光」成立，由出版人楊宗潤創立。1997 年 4 月出版奧運金牌跳水選手盧甘尼斯的自傳《破水而出》。開心陽光出版社書系包括「同志愛情系列」，以文學、運動論述、成長認同為主題；「硬糖果俱樂部」書系出版男同志情色小說；「開心果」書系則以同志旅遊指南、輕型閱讀為方向。重要代表作包括同志小說選集《眾裡尋他》、《難得有情》；論述《看見同性戀》，林賢修等著；《台灣男同志平權運動史》，王雅各著；男同志旅遊指南書籍《台灣 G 點 100 全都錄（上）、（下）》，邵祺邁著；譯作《破水而出》、《我心深處》、《當代同性戀歷史》（共三冊）、《同志童話》等。其中，作家許佑生以筆名亞瑟潘撰寫的多部情色小說，創華人男色小說書寫先河，膾炙人口，開心陽光於 2001 年 2 月後停止出書。
1997	6 月，舞鶴短篇小說集《十七歲之海》出版，收錄〈一位同性戀者的秘密手記〉等文。
	9 月，李昂短篇小說集《北港香爐人人插》出版，其中〈彩妝血祭〉將二二八事件解密與同性戀解密結合在一起。
	12 月，安克強短篇小說集《第三者：世紀末同志愛情眾生相》出版。安克強在 1989 年出版首部小說集《我戀你依然如昔》，後來的作品中屢見男同志情節。他也擔任了《G&L 熱愛》創立初期總編輯，也寫作報導文學《紅太陽下的黑靈魂——大陸同性戀現場報導》，1995 年由時報出版；1997 年熱愛重新出版）。短篇小說集《第三者》一書集結了安克強以男同志為題的作品。
1998	1 月，同志雜誌《土狗 TOGETHER》創刊，屬娛樂性刊物，現已停刊。
	3 月，平路短篇小說集《百齡箋》出版，收錄〈世紀之疾〉，描寫未來世界愛滋病消滅後，同性戀為了召喚情慾，與愛滋糾纏的故事。
	6 月，《G&L 熱愛》雜誌舉辦「第一屆華人同志文學獎」。首獎作品〈樓蘭女與六月青〉，得主為黃惑。
	10 月，孫梓評首部長篇小說《男身》出版，描寫深情男人的同性情愛故事。孫梓評部份短篇小說也處理同志題材，《男身》是他最受男同志讀者喜愛的作品。
	11 月，紀大偉論述《晚安巴比倫》，2014 年由聯合文學重新出版。
1999	1 月，華人世界第一家同志書店「晶晶書庫」開幕，創立人賴正哲。
	3 月，陳俊志紀錄片《美麗少年》在華納威秀電影院公開放映，這是台灣獨立製片的同志紀錄片首度在院線上映。陳俊志長期以同志為題拍攝紀錄片，包括《不只是喜宴》，1997 年出品；《幸福備忘錄：你所不知道的同志家庭故事》，2003 年出品；《無偶之家，往事之城》，2005 年出品；《酷兒舞台》，2006 年出品，以及影像詩短片《沿海岸線徵友》，2008 年出品。2011 年，他將自身家族／生命史寫成《台北爸爸，紐約媽媽》一書，由時報文化出版，並獲台北文學獎、台北書展大獎、金鼎獎。2012 年改編為舞台劇。
2000	1 月，蔣勳書信集《寫給 Ly's M——1999》出版，收錄 12 封懺情書信，吐露著對遠行情人的懺情與思念。身體、情慾的快悅與失落本是男同志書寫中的重要主題。2010 年聯合文學新版更名《欲愛書：寫給 Ly's M》。

年月	說明
2000	5 月，華人第一家女同志出版社「集合出版社」成立。社長林寒玉長期積極投入同志運動，透過出版、捐書給各級圖書館、全省巡迴行腳、在宜蘭社區大學開設同志文化課程等創意方式，深入台灣各角落，讓更多民眾看見、接觸、瞭解同志。集合出版社同時創下與 60 多位多元性向作家合作的記錄，致力替同志發聲。重要代表作包括《愛 T 的兩萬種方法》、《死不了的拉子》、《暗示》、《墮天使》、《孔夫子的拉子學生》等。
	伊苞短篇小說〈慕娃凱〉獲第一屆中華汽車原住民文學獎短篇小說佳作，故事明顯描寫原住民大學女生眼中所見的原住民女同志，「慕娃凱」是傳說中的女頭目，曾經堅定拒絕跟異性結婚。後刊登在《山海文化》雙月刊第 26 期。
2001	5 月，張娟芬散文《愛的自由式：女同志故事書》出版，費時近四年將對女同志作田野調查，並以近距離、生活化的風格，呈現每對戀人的情愛絮語、心情掙扎。2011 年時報再版。
	10 月，王盛弘散文集《一隻男人》出版。書寫包括 Funky、Going、Texound、馬槽溫泉、比利娃娃等同志熟悉的場域和次文化，並在書中出櫃。其後的作品包括散文《慢慢走》、《大風吹：台灣童年》；講述重要同志地景的散文《關鍵字：台北》、《十三座城市》等。
	11 月，作家、主持人蔡康永在電視節目《文茜小妹大》中，受李敖質問而公開同志身份。2004 年出版散文《那些男孩教我的事》，描寫多段的男性情誼經歷。
	12 月，張亦絢短篇小說集《壞掉時候》與《最好的時光》出版，透過書寫糾結混融的女同志情感，回顧 1990 年代的青春歲月，藉以探究女同志與女性主義政治之間的相互關係。2011 年再出版《愛的不久時：南特／巴黎回憶錄》，講述台灣女同志與法國異性戀男子的非典型「戀愛」。2015 年 12 月出版的《永別書》，以主角賀殷殷的獨白，訴說女同志的成長史與大時代的變遷，反覆辯證認同與記憶。
2002	7 月，鯨向海詩集《通緝犯》出版，收錄 1997 年至 2002 年詩作。鯨向海為精神科醫師，以網路（BBS、WWW 詩版）為主要發表平台，詩中常見呼之欲出的男同性情慾，作品包括散文集《沿海岸線徵友》、《銀河系焊接工人》，詩集《精神病院》、《大雄》、《犄角》、《A 夢》。
2003	1 月，騷夏出版同名詩集，由情詩出發，裝載對「性別」的概念。2009 年 7 月，《瀕危動物》出版，大量使用詩的隱晦，來爬梳以同志身份為設定的敘述者：我從何來、我從何去。2017 年 4 月，出版感官詩集《橘書》。
	12 月，台灣同志諮詢熱線協會出版《親愛的爸媽，我是同志》，是第一本台灣本土的同志家庭真情記錄，充滿溫暖動人的親情。
2004	3 月，振鴻長篇小說《肉身寒單》出版，小說以台東炸寒單爺的民俗活動象徵肉身的試煉而覺醒，同志身份的主角進行家族與身世的追索。2011 年，《歡海的人》出版，訴說一個男同志離家、在異鄉自我生長後，再重新面對原鄉的故事。
	5 月，女同志作家張漠藍和伴侶 Chloe 創立「北極之光」出版社。北極之光的出版品眾多，以「夜幕低垂」書系出版女同志愛情小說為主，小說又以女性情慾探索為作品賣點，亦有探討同性情誼的「百合館」書系。重要代表作包括「夜幕低垂」書系，秋陽著的女人香系列和武俠系列，《香汶》、《香薇》、《偷心》、《只想擁抱妳》等，安謹的《心鎖》、《朝露》、《落日》等。

年月	說明
2005	1 月，墾丁男孩短篇小說集《男灣》出版，標榜本土第一部探討搖頭與轟趴文化的同志小說。
	3 月，李昂長篇小說《花間迷情》出版，描寫女人、女同志的女性之愛，身分涵蓋異性戀、雙性戀、同性戀到酷兒，當男人在場與不在場時，對自身的性、愛、身體與自我的追尋。
2006	7 月，張曼娟編《同輩：青春男‧同志小說選》、《同類：青春女‧同志小說選》出版，收錄年輕世代的同志故事，主題不再悲愴，而是勇於追求，宣示愛的本能。
	12 月，柴詩集《一則必要的告解》出版，附錄中篇小說〈那些清醒的日子都在給愛錯的女孩們寫詩〉，呈現青春濃烈灰暗的心靈。2012 年，柴以同志與移民身分寫下感情生活結合社會運動的《集體心碎日記》。
2008	4 月，作家邵祺邁創立男同志出版社「基本書坊」。該社定位為綜合型出版社，書系包含「G+」出版嚴選小說、「好男風」出版散文雜著、「硬樂園」出版情色小說。代表作家有徐嘉澤、亞瑟潘、夏慕聰、葉志偉（香港）、歐陽文風、唐辛子（馬來西亞）、皮卡忠、台灣同志諮詢熱線、台灣同光長老教會等。另也出版有關認同成長、旅遊指南、色情片研究、星座研究、漫畫等以男同志為主要讀者的出版品。
	8 月，徐譽誠短篇小說集《紫花》出版，處理同志與用藥的題材。
	11 月，女同志雜誌《莎孚 Sappho》創刊，現已停刊。
2009	2 月，徐嘉澤短篇小說集《窺》出版，收錄 10 篇全以男同志生活為題的短篇小說。其後再出版長篇小說《類ље人》、《我愛粗大耶》、《他城紀》，展現深耕同志文學的企圖心。同時問世的作品還包括小說《大眼蛙的夏天》、《詐騙家族》、《不熄燈的房》、《秘河》、《下一個天亮》，散文集《門內的父親》等。
	8 月，許正平戲劇作品《愛情生活》出版，許正平曾為 2006 年男同志電影《盛夏光年》創作原創劇本，本書收錄了原著小說〈光年〉。
2010	4 月，第一部由華人創作的愉虐戀（BDSM）小說《軍犬》由夏慕聰著，基本書坊出版，故事敘述職業軍人因發現自身潛藏的奴性，被男主人調教成一隻狗奴，構築出完整度極高的愉虐世界，受到 BDSM 社群的熱烈迴響。2012 年夏慕聰再出版以貞操帶為題的 BDSM 小說《貞男人》。
	5 月，郭強生男同志小說集《夜行之子》由聯合文學出版，收錄 13 篇以美國、台灣為背景的男同志小說。郭強生在 1992 年即出版第一本小說集《作伴》，多篇作品均觸及同志議題，如 1996 年《留情世紀末》、2012 年《惑鄉之人》、2015 年《斷代》等。
	7 月，羅毓嘉詩集《嬰兒宇宙》由寶瓶出版。羅毓嘉的文字華麗秀異，時時綻放男同志妖（camp）味。其後出版散文《樂園輿圖》、《棄子圍城》、《偽博物誌》、《天黑的日子你是爐火》，均觸及同志議題。
	9 月，林佑軒短篇小說〈女兒命〉獲《聯合報》文學獎小說大獎。觸及跨性別議題。2012 年 4 月，林佑軒以〈Funky〉獲台北文學獎小說首獎，凸顯「被歧視的賤民經驗」。2013 年 12 月再以〈就位〉獲梁實秋散文評審獎，觸及同志、軍旅規訓與藥物議題。2014 年 10 月，短篇小說集《崩麗絲味》由九歌出版。

年月	說明
2010	9 月，郭正偉首部散文集《可是美麗的人（都）死掉了》由寶瓶出版，他在書中出櫃，也用自己因臉疾的「挫敗」心情，擁抱在人生各方面受挫的人們。
	10 月，楊邦尼〈毒藥〉獲時報文學獎散文首獎，處理同志文學的愛滋議題。楊邦尼本名楊德祥，馬來西亞人。
	11 月，劉祐禎〈六色的原罪〉獲林榮三文學獎散文首獎，描寫父親的病與自身的同性戀經驗。
2011	4 月，女同志雜誌《LEZS》創刊。
	8 月，《聯合文學》322 期，策畫「同志文學專門讀本」專輯，專訪作家、整理同志文學書目與文學及電影大事紀、同志運動簡史。
2012	5 月，賴香吟散文集《其後》出版，書中作者自剖在摯友邱妙津自殺身亡後，歷經十餘年的倖存與自療過程。後獲台灣文學長篇小說金典獎、中時開卷年度好書獎。
	10 月，程青松編《關不住的春光：華語同志電影 20 年》出版，本書集結兩岸三地重要的華語影人，透過導演、演員與影評人的對話與評述文章，重溫《囍宴》、《藍宇》、《春光乍洩》等數十部「同志電影」作品，並討論同志電影的宿命與未來。
	10 月，紀大偉論述《正面與背影 —— 台灣同志文學簡史》，由台灣文學館出版。為第一本台灣同志文學史，除示範研究同志文學一種可能的新方法，也提示關注過往被忽略的文本，思考純文學與通俗文學間映照和互補的可能。
	11 月，黃道明論述《酷兒政治與台灣現代「性」》出版，以文化研究為路徑，刻畫「性」在在同性戀、公權力風化管制、女性主義政治這三塊論述場域中，如何鑲嵌在台灣國族打造的現代化進程中。
2013	5 月，傑維恩短篇小說集《流浪的三十九巷酒吧：傑維恩同志小說選》出版，集結八篇同志短篇故事。
	12 月，李桐豪以〈養狗指南〉獲林榮三文學獎短篇小說獎首獎，本文處理男同志長期伴侶關係議題，並獲九歌 102 年度小說獎。
2014	7 月，「彩虹年代：台灣同志文學」特展於紀州庵文學森林展出。
	11 月，桑梓蘭論述《浮現中的女同性戀》出版，展現了 1920 年代中國文人議論同性戀的榮景。《浮現中的女同性戀》是華文世界首部研究中國女同性戀認同之形成的學術專書。2015 年 7 月《從艷史到性史》出版，本書重新考掘 1849 年至 2001 年被中國近現代文學史大敘述遮蔽的同志書寫。
2015	7 月，林佩苓論述《依違於中心與邊陲之間：臺灣當代菁英女同志小說研究》出版，探討台灣當代女同志因性別認同與文化階層的差異，所形成的菁英／邊緣位置游移現象。
	10 月，王嘉菲影像書《拉拉手，在一起：女同志影像故事》由木馬出版，台灣第一本以影像與文字紀錄台灣女同志的生命故事。

年月	說明
2015	10 月，瞿欣怡散文《說好一起老》由寶瓶出版，公開陪伴罹癌女友的心路歷程，書末附上同志朋友必讀的醫療與法律須知。
	12 月，徐堰鈴策劃；蔡雨辰、陳韋臻主編《踏青：蜿蜒的女同創作足跡》，記錄台灣女同志創作發展，堪稱爬梳台灣女同志創作的第一本專書。
2016	2 月，李屏瑤中篇小說《向光植物》由逗點出版，描寫女同性戀愛情故事。
	6 月，韓道光小說《男大當婚》由基本書坊出版，書寫雜交、嗑藥、背叛、死亡、歧視的同志愛情歌舞輕喜劇小說。
2017	1 月，紀大偉論述《同志文學史：台灣的發明》由聯經出版，本書爬梳長達一甲子的台灣公眾歷史，從美國主導冷戰的 1950 年代，一路細數到「後冷戰」的 21 世紀初期，各類型台灣同志文學作品，包括長、中、短篇小說，散文、詩、戲劇等。
	3 月，林滿秋的青少年小說《黃洋裝的祕密》由小天下出版，描寫跨性別認同。
	8 月，楊隸亞短篇小說集《女子漢》由九歌出版，全書時而耽美，時而輕快幽默的筆調，寫出與身邊「女子朋友」的種種情誼。
	10 月，劇場編劇簡莉穎劇本集《春眠》一人出版，收錄包含性別、身體、社會議題、人與人的關係、尋找自己的語言跟角色等課題的劇本四部《甕中舞會》、《第八日》、《春眠》、《妳變了於是我》及簡莉穎劇場對談集。

資料整理、補充／邵祺邁、林寒玉、余欣蓓、馬翊航、邱怡瑄、張瑜、陳姿因

「同舟：
華文 LGBT 文史資料搶救計畫／檔案館」
啓航緣起

邵祺邁

感於前人迅速凋零殞落，早年台灣同志相關史料紛紛散逸、毀損、消失，導致 LGBT 歷史出現斷代與失聲，同志出版社「基本書坊」社長翁喆裕（筆名邵祺邁），於 2015 年 9 月啟動「同舟：華文 LGBT 文史資料搶救計畫」，向社群組織及夥伴徵集古舊史料，並以科技設備數位化永久保存。

經過近兩年的埋首耕耘，多虧無數夥伴奔走、居中牽線與慷慨捐借，已完成近 2000 筆數位化並建檔的資料。涵括年代自 1960 年代迄今，近六十年，區域則遍及台灣、中國、香港、馬來西亞與其他華文世界。除平面文件與書籍，亦保存了部分影像與錄音檔案。同時，翁喆裕亦重新整建位於台中市潭子區的幼時舊宅，專作檔案館與辦公室之用（已於 2017 年 9 月完工並遷入），讓實體文件、書籍與珍貴史料得以安棲，並持續進行搶救與保存工作。

觸摸歷史，清晰看見同志的社會處境與文化變遷；個人的經歷與生命故事，往往深刻見骨、直見真性，一樣不可缺席。「同舟」計畫期望盡可能大範圍蒐羅各年代華文世界的 LGBT 個人與群體史料，舉凡書籍、雜誌、期刊、剪報、名片、傳單、小冊、海報、標語、照片、信件、地下小報、情色刊物、醫療與民俗矯治、反同素材、各種影音記錄等等。任何紙片、手跡、DM 都可能是一段歷史的見證和關鍵，尤其 1990 年代之前、尚未大步邁進網路世代的世界，史料正如流沙般迅速消失，諸多脈絡與細節，急需出土、保存與補充。

待資料蒐集並建置到一定程度，且管理規則趨近完善，「同舟」檔案館將逐步對外開放，以達最終公共化的可能。預計將透過調閱館藏、史料考證與發現、出版書刊、舉辦展覽、館際交流等多元化發展，讓同志歷史不致淹沒，亦供後人見證與使用。

我們萬分珍惜來自四面八方的善意，承諾在保護個人隱私且不破壞原件的前提下，進行數位化保存工作。捐贈而來的文物，我們將建檔並予以妥善保管；出借者，則會盡速完成工作，原物歸還。願「同舟：華文 LGBT 文史資料檔案館」初期建置心力的投注與啟航，能夠拋磚引玉，引來更多有志一同的夥伴，共同充實屬於我們的歷史。

「同舟」Facebook 社團網址（須提出申請）
https://www.facebook.com/groups/880616255358805/

或以 E-mail 與我們聯繫
culture@gbookstw.com

生命的連接點

寫在「以進大同：台北同志文化地景特展」開幕前夕

邱怡瑄

明天，當明天的新日子來臨時，我們的美麗新世界在哪裡？
—— Peter Hall,〈Cities of Tomorrow〉

1995 年底，台北市政府擬針對博愛特區重新規劃，希望轉化過往博愛特區威權，以服膺當時市府擬定的建立希望、快樂的市民城市政策。因範圍涉及新公園——當時唯一同志可卸下面具，互相取暖的公共空間，且在同志的歷史上，具特殊不可取代的意義。唯恐在更新行動後，同志消弭於這個承載同志記憶的空間中，而由空間研究者、學生、同志團體、婦運社團組成「同志空間行動陣線」（簡稱同陣）發起一系列活動，在 1996 年 2 月，透過「同志十大夢中情人」、「彩虹情人周」、「同志浮出地表—新新公園導覽圖」命名活動等，以節慶歡愉式的園遊活動在新公園集體現身，試圖喚起社會大眾尊重同志文化，以及同志市民在公共議題應有的合理地位與資源分配的合法性。這是同志集結第一次浮上檯爭取空間使用權，在成功的媒體策略下，當年引起相當大的迴響，也帶起了後續暗夜漫長的同志平權抗爭之路。

近年來，每年熱鬧歡愉的同志大遊行益趨盛大，同志貌似迎來前所未有的光明，但相對的，反同與反同婚人士的聲浪始終未見消聲。2017 年 5 月 24 日，大法官釋憲後，台灣將有望成為亞洲第一個實現合法同性婚姻的國家，宣布當下，聚集在青島東路的同志朋友無不激動地互擁或落淚。然釋憲後，真正的平權之路仍需一步步實踐。

因而在此刻，回頭來爬梳與整理台北同志的文化空間歷史，確實別具意義。今年十月，由台北市文化局委託，財團法人台灣文學發展基金會策展的「以進大同：台北同志文化地景展」，希望藉由呈現實體和

虛擬的同志文化空間，讓當代社會大眾重新認識同志社群。也透過回顧與認識同志歷史空間，為上一個世代的台灣同志重溯、重建歷史。

特展第一部分以「現身」走進台北各同志文化地景，回溯台北車站的同志創世紀、新公園裡的黑暗王國、西門紅樓的熊族樂園、三溫暖的壓抑格慾、T bar 與 Gay Bar 的現身與隱匿、公館彩虹社區，以及驕傲狂歡與平權倡議的戰場——凱達格蘭大道，書寫同志在此的情感、日常與記憶。第二部分則以「存在」探討文學、刊物、出版、影視、劇場以及徵友史中的同志集結與發聲，且整理同志組織運動年表。

展覽另有六個「出櫃故事館」衛星展示，邀請祁家威、王增勇、邵祺邁、林寒玉、呂欣潔、蔡意欽提供出櫃物件分別於台北 w 飯店、台北二二八紀念館、西門紅樓、撫臺街洋樓、台北光點、北藝風創意空間展出，讓到訪民眾與一段同志生命故事相遇。

本書收攏「以進大同：台北同志文化地景」特展內容統整為專書，另外收入未於展場呈現的〈台灣同志文學年表〉。感謝策展顧問畢恆達、喀飛、紀大偉、曾秀萍、蘇碩斌、楊佳嫻諸位先進、教授於本展內容的建議。喀飛、紀大偉費心的指正與補充相關資料讓本書更完整，尤其喀飛耗費數周為我們從前言到文章、圖說、組織年表的撰寫與協助修改；邵祺邁主持的「同舟：華文 LGBT 文史工作計劃／檔案館」作為本展最堅實的參考與展出資料後盾；謝佩娟提供當年「同陣」資料與論文，瞿欣怡提供「我們之間」會訊與部分《女朋友》雜誌，宋子莉提供幾乎整套《G&L 熱愛》、《土狗》試刊與創刊號，蔡雨辰提供部分《破報》，同黨劇團邱安忱提供《新天堂樂園》劇照，魏瑛娟與莎士比亞的妹妹劇團提供《蒙馬特遺書——女朋友作品 2 號》影像與演出，簡莉穎與四把椅子劇團提供多部作品劇照，曹文傑、詹慧玲提供田啟元紀錄片，賴正哲提供晶晶書店開幕照片，光馬三溫暖協助訪談與提供照片，女書店、台灣同志諮詢熱線協會、台灣同志遊行聯盟提

供多幀歷史影像；撰稿者蔡雨辰、陳韋臻、馬翊航、陳栢青、翟翱、林佑軒、張瑜在時間緊迫下完成使命，寫出一篇篇精彩且史料豐富的文章，在此一併致謝。

本文開頭的引文為「同陣」在 1996 年活動宣言中所引，當年的疑問，今日猶存。最後，則以劇場編劇簡莉穎的「為那個距今並沒有很遙遠的年代，為那些還不那麼被理解，卻與我們很靠近的人們留下身影。」作為本文結語。希望透過特展、專書，讓不那麼理解同志，卻靠同志很近的人們，見證那些存在且時而幽微時而燦亮的身影。

作者簡介

林佑軒

台中人，解嚴的孩子，新生代小說家。台灣大學畢業，空軍少尉役畢，現負笈巴黎第八大學。曾獲聯合報文學獎小說大獎、台北文學獎小說首獎、台大文學獎小說首獎等項，入選《九歌年度小說選》、《七年級小說金典》、《我們這一代：七年級作家》等集。著有小說《崩麗絲味》、《冰裂紋》。

馬翊航

父親來自卑南族建和部落（kasavakan），族名 Farasung。台灣大學台文所博士，博士論文以台灣文學中的戰爭書寫為主題。寫詩，寫散文，曾獲全國學生文學獎、台北文學獎、花蓮文學獎、原住民族文學獎。曾參演《豔光四射歌舞團》。現任《幼獅文藝》主編。

張　瑜

台北教育大學語文與創作學系畢業。曾任文訊雜誌社「台灣現當代作家研究資料彙編行銷推廣閱讀計畫」、「台灣現當代作家研究資料彙編」第六階段等編輯及活動執行。

陳栢青

台中人。台灣大學台文所碩士。曾獲中國時報文學獎、聯合報文學獎、林榮三文學獎、台灣文學獎等。以筆名葉覆鹿出版小說《小城市》，獲九歌兩百萬文學獎榮譽獎、全球華語科幻星雲獎銀獎。另著有散文集《Mr. Adult 大人先生》。現與顏訥共同主持直播節目「作家事」。

陳韋臻

自由文字工作者。雲林的同性戀女兒。中央大學藝術學研究所碩士，曾任《破週報》文字記者，編輯《踏青──蜿蜒的女同創作足跡》等。遊走在性／別、電影、劇場、視覺藝術與文化研究範疇之間。

喀　飛

參與同運近 20 年，關注同志及兒少性權、愛滋人權、老同文化、媒體污名、台灣同運史。曾任台灣同志諮詢熱線協會理事長、《台北同話》廣播主持人。現為台灣同志諮詢熱線協會理事、性愉悅性教育網站「爽歪歪」站長。編有《彩虹熟年巴士》。曾在《酷時代》撰寫專欄「台灣同運現場」。

翟　翱

花蓮人，曾在台灣大學台灣文學研究所走過一圈，曾獲台積電青年學生文學獎、花蓮文學獎等文學獎項。曾任《秘密讀者》編輯成員。現為媒體編輯。

蔡雨辰

中央大學藝術學碩士，文字工作者，曾任《破周報》執行主編，文字散見於博客來 OKAPI、放映週報、《今藝術》、《聯合文學》。主編有《拒絕被遺忘的聲音：RCA 工殤口述史》、《踏青──蜿蜒的女同創作足跡》、《拆解藝穗·十年報告》、《漫遊雙和：走尋城市故事》。目前正在進行 90 年代同志刊物之口述計畫。

（按姓氏筆畫序排列）

顧問

紀大偉（政治大學台灣文學研究所助理教授）
喀　飛（台灣同志諮詢熱線協會共同發起人及現任理事）
畢恆達（台灣大學建築與城鄉研究所教授）
楊佳嫻（清華大學中文系助理教授）
曾秀萍（台灣師範大學台灣語文學系助理教授）
蘇碩斌（台灣大學台灣文學研究所教授）

協辦單位

女書店
台北 W 飯店
台北二二八紀念館
北藝風創意空間
台灣同志遊行聯盟
台灣同志諮詢熱線協會
西門紅樓
光點台北
華文 LGBT 文史工作計劃／檔案館
撫臺街洋樓

展品與照片提供

王增勇（政治大學社會工作所副教授）
宋子莉（服務業）
呂欣潔（婚姻平權大平台總召集人、有心咖啡經營者）
祁家威（同志平權運動者）
邱安忱（同黨劇團導演、中國文化大學中國戲劇學院講師）
周美玲（導演）
林寒玉（集合出版社長）
邵祺邁（基本書坊社長、同舟：華文 LGBT 文史工作計劃／檔案館發起人）
曹文傑（公視總經理）
詹慧玲（臨界點劇象錄劇團共同創辦人、核心成員）
蔡雨辰（文字工作者）
蔡意欽（鈊象電子行銷總監）
賴正哲（晶晶書庫創辦人）
鄭志忠（劇場編導、前臨界點劇象錄劇團團員）
謝佩娟（旭日文化有限公司執行長、同志空間行動陣線共同發起人）
簡莉穎（舞台劇編劇）
魏瑛娟（編導／寫真／策展／製作人）
瞿欣怡（小貓流出版社總編輯）
四把椅子劇團、女書店、西門紅樓、同黨劇團、光馬三溫暖、台灣同志遊行聯盟、台灣同志諮詢熱線協會、莎士比亞的妹妹的劇團、國立中央大學文學院「戲劇暨表演研究室」「台灣現代戲劇暨表演影音資料庫」、臨界點劇象錄劇團

（按姓氏筆畫序排列）

《以進大同：台北同志生活誌》

作　　者｜喀飛、林佑軒、馬翊航、陳栢青、陳韋臻、
　　　　　張瑜、蔡雨辰、翟翱、邵祺邁
主　　編｜邱怡瑄
執行編輯｜李文媛、張瑜
校　　對｜杜秀卿、涂千曼、呂佩珊
美術設計｜好日文化有限公司

發 行 人｜封德屏
出版發行｜財團法人台灣文學發展基金會
　　　　　地址／台北市中山南路 11 號 B2
　　　　　電話／02-23433142　傳真／02-23946103

印　　刷｜松霖彩色印刷公司
初　　版｜2017 年 11 月
定　　價｜200 元
I S B N｜9789868965942

以進大同：台北同志文化地景展

主　　辦：臺北市政府文化局
執　　行：財團法人台灣文學發展基金會、紀州庵文學森林

顧　　問：紀大偉、喀飛、畢恆達、曾秀萍、楊佳嫻、蘇碩斌
主 持 人：封德屏
活動統籌：陳蕙慧
活動執行：姚立儷
展覽策畫：邱怡瑄、李文媛、王韻茹
展覽協助：張瑜、鄭菁慧、杜秀卿、涂千曼、呂佩珊、王則翔
資料整理：陳姿因
撰稿團隊：喀飛、林佑軒、邵祺邁、馬翊航、陳栢青、陳韋臻、張瑜、翟翱、蔡雨辰
展示設計：好日文化有限公司